Gestión Del Tiempo

Cómo Hacer Más En Un Mundo Multitarea

(Cómo Gestionar El Tiempo Para Lograr Un Mayor Éxito)

Dalmiro Arteaga

Publicado Por Daniel Heath

© **Dalmiro Arteaga**

Todos los derechos reservados

Gestión Del Tiempo: Cómo Hacer Más En Un Mundo Multitarea (Cómo Gestionar El Tiempo Para Lograr Un Mayor Éxito)

ISBN 978-1-989853-94-8

Este documento está orientado a proporcionar información exacta y confiable con respecto al tema y asunto que trata. La publicación se vende con la idea de que el editor no esté obligado a prestar contabilidad, permitida oficialmente, u otros servicios cualificados. Si se necesita asesoramiento, legal o profesional, debería solicitar a una persona con experiencia en la profesión.

Desde una Declaración de Principios aceptada y aprobada tanto por un comité de la American Bar Association (el Colegio de Abogados de Estados Unidos) como por un comité de editores y asociaciones.

No se permite la reproducción, duplicado o transmisión de cualquier parte de este documento en cualquier medio electrónico o formato impreso. Se prohíbe de forma estricta la grabación de esta publicación así como tampoco se permite cualquier almacenamiento de este documento sin permiso escrito del editor. Todos los derechos reservados.

Se establece que la información que contiene este documento es veraz y coherente, ya que cualquier responsabilidad, en términos de falta de atención o de otro tipo, por el uso o abuso de cualquier política, proceso o dirección contenida en este documento será responsabilidad exclusiva y absoluta del lector receptor. Bajo ninguna circunstancia se hará responsable o culpable de forma legal al editor por cualquier reparación, daños o pérdida monetaria debido a la información aquí contenida, ya sea de forma directa o indirectamente.

Los respectivos autores son propietarios de todos los derechos de autor que no están en posesión del editor.

La información aquí contenida se ofrece únicamente con fines informativos y, como tal, es universal. La presentación de la información se realiza sin contrato ni ningún tipo de garantía.

Las marcas registradas utilizadas son sin ningún tipo de consentimiento y la publicación de la marca registrada es sin el permiso o respaldo del propietario de esta. Todas las marcas registradas y demás marcas incluidas en este libro son solo para fines de aclaración y son propiedad de los mismos propietarios, no están afiliadas a este documento.

TABLE OF CONTENTS

Parte 1 1
Introducción 2
Capítulo 1: Entender La Puntualidad 6
Qué Es Y Cómo Hace Una Diferencia En Su Carrera Y Vida
.... 6
Puntualidad Ponche 12
¡Prueba Esto Hoy! 13
Capítulo 2: La Importancia De Ser Puntual 14
Porque En La Vida, Las Pequeñas Cosas Son Las Grandes Cosas 14
¿Qué Hace Que La Puntualidad Sea Importante? 14
La Puntualidad Es Una Sombra Benévola A Lo Largo Y Ancho: 15
La Anatomía De La Tardanza: 16
Llegar Tarde Hace Girar Su Propio Conjunto De Problemas: 17
Cuando Los Líderes Terminan Tarde 19
Cualquiera Puede Dar Un Ejemplo. 20
Puntualidad Ponche 21
¡Prueba Esto Hoy! 21
Capítulo 3: Nombrar A La Reputación Más Grande Killer 23
El Truco Simple Para Ser Puntuoso: Ser Temprano 23
La Anatomía De La Tardanza: 23
¿Por Qué Llegan Tarde? 25
La Puntualidad Es Su Propia Recompensa: 26

Domina Esa Tardanza... O Si No: 27

Es Más Que La Puntualidad, Su "Disciplina De Tiempo" .. 28

Una Lección De La Madre Naturaleza: 29

Puntualidad Ponche 29

¡Prueba Esto Hoy! 30

Capítulo 4: El Arte Y La Ciencia De La Gestión Del Tiempo 31

Si Quieres Estar A Tiempo, Por Favor, Tú Mismo, Con Estos Datos Y Consejos 31

La Tardanza Es Un Hábito, Así Como La Puntualidad. 31

¿Cómo Ir De Tarde A Puntual? Pruebe Estos Simples Consejos: 32

La Gente Puntual Nunca Se Apresura: 39

Puntualidad Ponche 42

¡Prueba Esto Hoy! 43

Capítulo 5: Nunca Comenzar El Día Con Una Apología ... 44

A La Moda Tarde Es Para Celebridades; Usted Solo Terminará Deciendo Lo Sentimos 44

Puntualidad - Hazlo Una Prioridad 45

Poner En Papel, Comprometerse 46

No Lo Hagas Con Cosas: 46

Al Programar Reuniones, Menos Es Más: 47

Comprenda Que Las Reuniones No Terminan A Tiempo:.. 47

Antes De Arreglar Una Reunión, ¿Necesita Una Reunión? 48

Espere Que Las Cosas Se Retrasen Durante El Día: 49

Evita Las Distracciones Que Te Retrasan: 49

Termina Las Cosas El Mismo Día Y Ten Una Mañana Fácil: 50

Tener Una Lista De La Noche A La Mañana: 50

Puntualidad Ponche 52

¡Prueba Esto Hoy! 53

Capítulo 6: ¿Qué Hace A Las Personas Super Puntuales?.. 54

Cinco Habitos Poderosos Que Ponen El Poder En Tus Manos.. 54

Las Personas Puntuales No Tienen Atracones La Noche Anterior: 54

Las Personas Puntuales Duermen Temprano - Y Bien: 55

La Gente Puntual Se Despierta Temprano:........................... 56

Las Personas Puntuales Llegan Antes De Tiempo:.............. 57

Las Personas Puntuales Nunca Retrasan El Trabajo: 59

Puntualidad Ponche 60

¡Prueba Esto Hoy! 61

Capítulo 7: Las Personas Puntuales Están Siempre En La "Zona" 62

Cree Un Mundo De Eficiencia Tranquila Como Ellos - Con Más Consejos Calientes... 62

Nunca Te Dejes Atrapar Con El Trabajo Que Consume Tiempo 62

Mantenga Su Propio Plazo "Interno": 64

Tenga Un Plan B: 65

Evite El Trabajo De Última Hora: 66

Divida Las Tareas Grandes En Partes Más Pequeñas.......... 67

Puntualidad Ponche 69

¡Prueba Esto Hoy! 71

Conclusión... 72

Parte 2.. 73

Introducción 74

Capítulo 1: Administración Del Tiempo Para El Logro

Personal 78

Capítulo 2: Aprendiendo Buenas Prácticas De La Administración Del Tiempo 82

Capítulo 3: Estrategias Administración Del Tiempo Para El Éxito 86

Capítulo 4: Reconocerel Estar Vivo 91

Capítulo 5: Administración Del Tiempo Y Habilidades De Estudio 95

Capítulo 6: Administración Del Tiempo Y Productividad.. 99

Capítulo 7: Administración Del Tiempo Y Motivación..... 102

Capítulo 8: Medir La Administración Del Tiempo 105

Capítulo 9: Importancia De La Administración Del Tiempo 109

Capítulo 10: Mejorar La Administración Del Tiempo - Informes Sustanciales 113

Capítulo 11: Ventajas De La Administración Del Tiempo – Identificación De Acciones 117

Capítulo 12: Desorganizado Y La Administración Del Tiempo 121

Capítulo 13: Administración Del Tiempo Y Gestión De Crisis 126

Capitulo 14: Errores Enla Administración Del Tiempo.... 133

Capítulo 15: Problemas Y Soluciones De La Administración Del Tiempo 136

Conclusión 140

Parte 1

INTRODUCCIÓN

Primero quisiera agradecerles y felicitarles por descargarlos. En este libro encontrará todo lo que necesita saber sobre la puntualidad. ¿Qué es la puntualidad de todos modos? Se trata de llegar a tiempo, según lo acordado, en un lugar particular. También se trata de hacer el trabajo a tiempo, cumplir con los compromisos prometidos dentro de la fecha límite.

Las personas puntuales están asociadas con una tremenda integridad. Tienen un sistema de valores sólido, una fuerte ética de trabajo, nunca se comprometen y son arduos. Entonces, ¿son todo esto porque son puntuales, o es al revés? La respuesta es incidental; lo que es crítico es que estas personas son muy apreciadas, admiradas y consideradas como activos invaluables por sus empleadores y por una buena razón. Las personas puntuales exudan un tipo de positividad que los hace bienvenidos en todas partes; sus compañeros los admiran y sus mayores los respetan. Ninguna tarea es difícil para ellos, ningún trabajo inaceptable. Donde hay una pared, crean una ventana; donde hay una barricada, descubren un desvío.

Puede parecer que estas personas son sobrehumanas; Sin embargo, son como tú y como yo. Mire de cerca y verá que están increíblemente organizados y enfocados, ya sea que funcionen o jueguen, y traigan el mismo compromiso a su profesión, así como a las relaciones personales. Y hay mucho que aprender de ellos, su enfoque, su orientación. En este libro descubrirás cómo desarrollar habilidades como la muy puntual. Descubrirá todos los aspectos de la puntualidad con gran detalle, incluyendo:

- Comprender qué es la puntualidad y por qué es importante.
- ¿Por qué no ser puntual puede arruinar tu reputación?
- Lo que las personas puntuales hacen para ser puntual, y lo que es más importante, no hagas
- ¿Por qué no deberíamos estar diciendo "Lo siento" a primera hora de la mañana?

- Métodos probados para estar al tanto del juego del tiempo.

Cada uno de estos pensamientos clave se amplía en un capítulo dedicado. Y cada capítulo termina con un "golpe de puntualidad": un pequeño fragmento de una personalidad del mundo, una idea o una improvisación de la vida real que te ayuda a evitar las llegadas tarde. En total, este libro es su dosis diaria de energía para la puntualidad.

Mi objetivo es armarte con todo el conocimiento que necesitas para entregar una nueva hoja de disciplina temporal. Porque sé que muchos de ustedes desean sinceramente llegar a tiempo, siempre; Pero tu posición. Sé lo que se siente estar siempre en el extremo receptor cuando entras en una sala de conferencias llena de gente, con quince minutos de retraso. Estaba desesperado, estaba en mi ingenio, y me hubiera gustado tener un libro de referencia en ese entonces.

Me dará el mayor placer si los consejos y trucos de este libro pueden marcar la diferencia y cambiar su vida. Como reincidente crónico, practiqué cada uno de ellos y hoy soy un célebre experto en puntualidad. Quiero que tú también seas esa persona. ¿Puede este libro guiarlo para que sea el culpable de ser admirado, en el salón de la fama del tiempo?

Gracias de nuevo por descargar este libro, ¡espero que lo disfruten!

CAPÍTULO 1: ENTENDER LA PUNTUALIDAD

QUÉ ES Y CÓMO HACE UNA DIFERENCIA EN SU CARRERA Y VIDA

Voy tarde; Llego tarde, para una cita muy importante!

-Conejo blanco, Alicia en el país de las maravillas

"¿Cómo está tu" amigo tardío "?"

Un conocido mío hizo esta pregunta cuando me topé con él en un centro comercial.

"¿Último amigo?" Me quedé perplejo.

"Sí, Mark". Limpió el aire, pero aún persistían las nubes de duda. De hecho, Mark fue un amigo que trabajó conmigo. Y tomé el sarcasmo del comentario anterior.

"Ah", traté de quedarme con la metáfora. "Está vivo y dando patadas".

"Me alegro", persistió el conocido. "Pero, ¿viene a las reuniones a tiempo?"

Las nubes de la duda desaparecieron, pero

el peso del insulto persistió. La mayoría de las veces, nuestra reputación llega antes que nosotros, especialmente si es algo negativo. Y si tiene que ver con el lugar de trabajo, el tiempo siempre es escaso, y no ser puntual se considera un asunto serio.

Entonces, ¿qué es la puntualidad y por qué es necesaria?

La puntualidad está presente en algún lugar a la hora acordada. Si esa acción o presencia sobrepasa el tiempo aceptado, se considera que no es puntual.

Entonces, si la puntualidad es tan importante, entonces ¿por qué hay muy pocos entre nosotros que se adhieren al tiempo pre-decidido? Todos sabemos que se permite un poco de indulgencia, aunque cambia de una situación a otra y de una cultura a otra. No nos arriesgamos con un tren o un vuelo que sale a cierta hora, ni con una cita con el dentista a una hora determinada. En algunas sociedades, como en Occidente, es aceptable una variación de hasta quince minutos. Pero vas hacia el este, y esta brecha se vuelve mucho más estrecha. Los japoneses, por ejemplo, son estrictos con el tiempo y no se toman en cuenta los retrasos.

Extremos en la aceptabilidad.

Algunas culturas no podrían importarle menos. Para ellos, 6pm bien podrían ser 7pm. Las bajas comunes son tanto fiestas como reuniones: una reunión a las 10 a.m. nunca comienza hasta las 11 a.m., momento en el que todo el mundo entra y el café y las galletas también llegan. El margen de maniobra es aceptado y explotado por todos los interesados.

El punto de vista conformista es que el tiempo debe ser respetado, y los castigos impuestos a quienes no lo hacen. Es común que las empresas excluyan a los recién llegados crónicos de las reuniones como una especie de penalización (las puertas se cierran una vez que comienza la reunión). Algunas empresas extraen una pequeña multa (generalmente recogida en una caja con una ranura en la sala de conferencias) de los recién llegados y usan el dinero para el bienestar del personal. Obviamente, cuanto más tarde apareces, más pagas. Esto actúa como un elemento disuasivo eficaz ya que los recién llegados habituales terminan perdiendo bastante dinero.

Un fenómeno cultural

En algunas culturas, los plazos nunca se toman en serio. Esto es algo que puede cambiar de ciudad en ciudad. Una ciudad en particular puede ser impulsada por negocios, y como resultado puede adherirse a los plazos más a menudo. Las reuniones se realizarían, las citas se tomarían y se darían, y prevalecería un sentido general de precisión empresarial.

En contraste, otra ciudad puede ser un centro turístico, una ciudad tranquila donde la vida se mueve a un ritmo más lento. Aquí el tiempo bien puede tomar un segundo plano (la idea precisa de un día festivo es la ausencia de compromisos de tiempo). Las tiendas aquí pueden abrir a última hora de la mañana, cerca del mediodía para el almuerzo y bajar las persianas temprano en la noche. La misma sensación de lentitud invade cada esfera de actividad.

En cualquier caso, el carácter del lugar

dicta la importancia dada al tiempo.

La fotografía más grande:

La puntualidad se refleja en las características de la sociedad y la ética de trabajo. ¿Qué tan seriamente tomamos nuestro trabajo y nosotros mismos? La cultura laboral japonesa es uno de un compromiso severo que casi roza lo insano, por lo que se sigue que el tiempo se considera un bien valioso que no se debe desperdiciar. No respetar el tiempo equivale a desperdiciarlo. Lo que es peor, al llegar tarde a una reunión, no solo está insultando a todos los participantes, sino que también les está robando su tiempo. No tiene derecho a hacerle eso a nadie, y mucho menos a las partes interesadas clave en un proyecto del que forma parte.

Hoy en día, hay una hambruna perenne del tiempo. Siempre hay más cosas que cumplir y menos tiempo para ello. Llenamos nuestras vidas con cosas deseadas y no deseadas, aumentando el desorden de actividad. Es un cliché bien usado que todos reciben veinticuatro horas en un día, pero algunas personas logran mucho más que otras. ¿Cómo lo hicieron? Valorando el tiempo, usándolo de forma productiva y orientada a resultados. El primer paso para hacerlo es seguir tu horario.

¿Qué tan comprometido está?

La puntualidad se reduce al compromiso: esa palabra abarca todo, desde ser puntual a las reuniones hasta hacer el trabajo con dedicación para que se cumplan los plazos. Lo que significa, entonces, que la puntualidad es un subconjunto de una promesa más grande, una pieza es el rompecabezas que lleva a entregar lo que se cometió: un importante discurso en la rueda de la excelencia los suma y obtiene un todo que tiene mucho más valor que La suma de sus partes. Entonces, acordemos que hay más para la puntualidad que la puntualidad. Se trata de la imagen más amplia de ser bueno en lo que haces, hacerlo bien y completar las tareas para los puntos de referencia acordados. No tiene mucho sentido llegar a tiempo, pero menospreciar a su cliente (o cualquier otra persona) por lo que tenía que hacer. La puntualidad es necesaria, si se complementa con la acción y el cumplimiento de los compromisos a satisfacción de todos.

Puntualidad ponche

Cuando se trata de culturas y la puntualidad en todas partes es diferente. Por ejemplo, en Suiza es conocido por sus relojes, por lo que no es de extrañar que los trenes suizos vayan y salgan puntualmente. Incluso una diferencia de segundos no es tolerada. Pero en México, si su invitación dice 8pm para la cena, puede ir a las 9pm. Y si estás en una estación de ferrocarril italiana, verás que los trenes están "ritardato", o retrasados, todo el tiempo. Para los franceses, sin embargo, el estómago es su reloj, mientras que los griegos, que son Chrono es el dios del tiempo, no podrían importarle menos. Los alemanes y los chinos son tan puristas del tiempo que "pierdes la cara" si llegas tarde. El filósofo Immanuel Kant es el epítome de la puntualidad alemana: se levantó a las 5 am, fue a la universidad a las 7 am, trabajó de 9 am a 1 pm, salió a caminar a las 3:30 pm, durmió a las 10 pm, todos los días laborables.

Los indios tienen su IST, o tiempo estándar indio, que está satirizado para transmitir el tiempo estirable indio. Su puntualidad es tan notoria que una empresa innovadora introdujo recientemente un reloj 'ish'; los números en el dial son '12 -ish ',' 3-ish ',' 6-ish 'y' 9-ish 'imitando el hábito indio de añadir 'ish' a cualquier hora. Entonces, ¿el tiempo vuela de manera diferente en diferentes partes del mundo? El jurado aún está deliberando sobre eso.

¡PRUEBA ESTO HOY!

Sigue mirando el reloj a menudo. Esto le da una sensación de tiempo a medida que pasa y estará más consciente de su progreso, para que pueda seguirlo mejor.

CAPÍTULO 2: LA IMPORTANCIA DE SER PUNTUAL

PORQUE EN LA VIDA, LAS PEQUEÑAS COSAS SON LAS GRANDES COSAS

El problema de ser puntual es que nadie está allí para apreciarlo.

-Franklin Jones

No, no es tan obvio como parece. Por supuesto, todos sabemos que ser puntual tiene muchos aspectos positivos. Pero más allá de eso, hay capas más profundas de lo que sucede cuando nos adherimos a las líneas de tiempo. Veamos cómo se resuelve esto.

¿Qué hace que la puntualidad sea importante?

En primer lugar, propaga una ola de buena energía a lo largo de un lugar de trabajo. Imagina ver a un empleado temprano para trabajar, fresco y entusiasta. ¡Eso es lo que buscan los empleadores! Sugiere que el empleado está comprometido y es profesional, está dispuesto a seguir con su trabajo, le da sus mejores horas (que generalmente son temprano en la mañana) y es responsable de su trabajo. También hace la vida mejor para el empleado. Llegar temprano a tu escritorio significa que no estás en el modo "apresurado". Muestra que ha planificado su día de antemano, ha estimado el tiempo requerido para llegar al lugar de trabajo y llegó con anticipación. Está claramente en un modo "relajado". Puede permitirse el lujo de "detenerse y oler las flores" en el camino hacia el trabajo, y eso hace maravillas en su mente, el temperamento y el trabajo en sí. Estás tranquilo, tu cerebro está relajado y estás abierto a las ideas. Te convertirás en el mensajero de la eficiencia silenciosa que ilumina la baliza de la productividad.

La puntualidad es una sombra benévola a lo largo y ancho:

La puntualidad, como los chismes, es contagiosa. Un empleado puntual puede cambiar la orientación temporal de su equipo. Seguramente, nadie quiere sobresalir en un grupo por razones equivocadas; y recuerde, los recién llegados rara vez son promovidos. Así que la persona que siempre llega a tiempo pronto gana muchos imitadores. Como una gota, envía ondas tranquilas alrededor y pronto la puntualidad se convierte en una ola que envuelve todo el lugar de trabajo. Resultado: Una oficina que comienza a operar como una máquina bien aceitada. La mayoría de los empleados están "a tiempo", las reuniones comienzan a tiempo y el trabajo se realiza a tiempo.

Ahora imagina lo contrario; Los puntuales se vuelven a molestar por los que llegan tarde, el tiempo que los villanos que atascan todo y, de hecho, hacen que los primeros se sienten tarde para terminar el trabajo. Las facciones emergen con la puntualidad en un lado y los que llegan tarde en el otro, y la productividad es la víctima innecesaria.

La anatomía de la tardanza:

Piense en un día en el que todo parece ir

mal. El auto no arranca, la señal es roja y la suela de tu zapato cede... luego, te marcan el camino hacia el trabajo y obtienes un boleto. ¿Cómo sucedió esto? ¿Algunos días son realmente malos?

Bueno, aún no se ha probado científicamente que algunos días son mejores que otros. Es solo que cuando suceden una serie de cosas buenas, se suele decir que se trata de un día "bueno". Y cuando las cosas van mal en una rápida sucesión, se culpa al día por ello. Pero, si te das cuenta, muchos días malos son causados por la tardanza.

Por lo general, comienza con la alarma no se apaga a tiempo, mal # 1. Ya llegaste tarde, mal # 2. El pan tarda una eternidad en tostar, malo # 3. Y así sucesivamente en una serie hasta llegar tarde a la oficina y enfrentarte a la música. Lo has adivinado: todo comenzó cuando te levantaste tarde en primer lugar.

Llegar tarde hace girar su propio conjunto de problemas:

Su presión arterial está disparando y sus

niveles de estrés están aumentando. Ambos afectan tu rendimiento en el trabajo. Comienzas a enfadarte con tus colegas, tienes mal humor en las reuniones y juras por tu computadora portátil.

Por ahora, como es la naturaleza humana, comienzas a buscar un chivo expiatorio. Es la esposa, es el tráfico, y es el gato que saltó a través. Culpas de todo excepto la verdadera causa raíz; estás ciego al hecho de que eres TÚ quien causó la tardanza en este momento. La peor parte es que nada de esto es real o natural. Todo se ha creado en una cadena de eventos que se inició con el pequeño retraso causado por usted.

Regresa a la secuencia de eventos y atraparás al culpable. Puede que te hayas despertado solo diez minutos tarde. Pero ha girado una red de engaños alrededor de sí mismo y te ha colocado a ti, la víctima, en el centro de la misma. Debe limpiar las telarañas y puede hacerlo solo cuando puede controlar el tiempo.

Cuando los líderes terminan tarde

No hay amortiguador en un lugar de trabajo peor que esto. Tu equipo, que te mira por todo, se decepciona cuando llegas después de que te hagan esperar. Piensa: has comido en su lista de tareas del día. Con el capitán sentando un mal precedente, es solo una cuestión de tiempo cuando los jugadores comienzan a seguir su ejemplo.

Digamos, por otro lado, llegar temprano. Nuevamente, es genial ver al líder al frente de la mesa de conferencias, ya que su equipo se une uno por uno. Esos cinco o diez minutos que llegaste temprano son extremadamente cruciales, úsalos para chatear con los miembros de tu equipo; es posible que no tengas la oportunidad de atraparlos de manera informal. Hable con ellos, pregúnteles cómo van las cosas; ¿Cómo se están perfilando sus objetivos, necesitan ayuda en algún lugar o alguien está teniendo un mal día?

Imagina el impacto de esto; Su equipo se abrirá se abrirá a usted, transmitiendo sus opiniones y compartiendo sus problemas.

Más importante aún, envía el mensaje de que a su líder realmente le importa. Él o ella quieren saber lo que está pasando, está dispuesto a entender los problemas y tiene la motivación del equipo en la parte superior de la agenda. ¿Quién no querría un líder así?

Cualquiera puede dar un ejemplo.

Pero no tienes que ser un líder para comenzar a respetar el tiempo. Sea quien sea, puede llegar a tiempo a las citas, reunirse con las personas cuando se les promete y terminar el trabajo como comprometido. Tarde o temprano, se emulará un buen hábito y si incluso una persona sigue tu ejemplo, habrías hecho bien tu acción y, como siempre, el cambio comienza con una persona... Tú. "Sé el cambio que quieres ver", dijo Mahatma Gandhi. Entonces, si quieres que la gente respete el tiempo de los demás, comienza contigo mismo. Fijar un ejemplo. Otros seguirán - eventualmente.

Puntualidad ponche

Ser puntual es lo que te debes y no por presumir a los demás. Mahatma Gandhi, apodado el indio más puntual, escribía una carta cuando llegó el momento de su caminata. Así que escribió en la carta: "... Lady Watch me recuerda que es hora de caminar, la obedezco y me detengo aquí". Su 'Lady Watch' era su posesión favorita: un reloj de bolsillo de Ingersoll, que Colgaba de su dhoti atado a un pasador de seguridad. Era lo primero que vigilaba al levantarse cada mañana a las 4 am, y lo último que consultaba cuando se retiraba a la cama, pasada la medianoche. Casualmente, en el momento en que fue asesinado y se desplomó en el suelo, su Ingersoll también se detuvo.

¡PRUEBA ESTO HOY!

Use un reloj de pulsera. Sí, lo escuchaste bien, es básico, pero en estos días es común que las personas no usen uno gracias a los relojes de los teléfonos celulares y las computadoras portátiles. Sin embargo, un reloj de pulsera le ayuda a controlar el tiempo con frecuencia, y puede ser una indicación visible de su compromiso con la puntualidad.

CAPÍTULO 3: NOMBRAR A LA REPUTACIÓN MÁS GRANDE KILLER

El truco simple para ser puntuoso: ser temprano

"Mejor tres horas demasiado pronto que un minuto demasiado tarde".

-William Shakespeare

No es exagerado decir que no ser puntual puede dañar su reputación en el trabajo. Es por esto que está clasificado como el valor # 1 de las personas exitosas. Porque de esta disciplina vienen todos los demás valores de integridad y, en conjunto, contribuyen al éxito. Sea quien sea, estudiante, profesional, ama de casa o laica, todos se benefician de ser puntuales. Cualquiera que sea su vocación, la tardanza no es algo que lo lleve a ningún lado.

La anatomía de la tardanza:

Para muchas personas, llegar a tiempo es algo que nunca pueden manejar, o eso creen. Simplemente creen que probablemente nacen de esa manera y siempre se pondrán al día con el tiempo. Pregunta: ¿Qué hace que la gente tarde? ¿Es baja la autoestima, la falta de confianza, o podría ser un exceso de confianza?

Bueno, como siempre, las respuestas están en algún punto intermedio. Muchos llegan tarde, sin ninguna razón perceptible y luego se forma el hábito. Entonces, nunca llegan a tiempo como si estuvieran cableados de esa manera. Una razón es que solo "comienzan" tarde. Como un tren que comienza cinco minutos después de su salida programada, estas personas acumulan un retraso en cada actividad del día y terminan muy tarde cuando terminan en la noche. Otra razón es ser claramente irrealista. Vienen con la (sobre) confianza de que pueden lograr mucho en menos tiempo. Al incluir más actividades de las que pueden manejar, llegan tarde a los artículos que se encuentran más abajo en la lista. Esta prisa por hacer todo esto, un entrenamiento rápido, tirar la ropa en la lavadora, ir al supermercado y llevar a la esposa al metro, ejerce una presión sobre los minutos de la mañana y establece un camino para llegar tarde al día.

Una tercera razón: los recién llegados subestiman el tiempo. Piensan que tienen un montón de cosas y merodean por ahí, antes de que se den cuenta, el tiempo ha pasado y, una vez más, llegan tarde. Creen que pueden llegar a alcanzar y eso es cuando la señal se pone roja y se quedan atrapados por más tiempo en la carretera. Piensan que están enfocados, pero el hecho es que se distraen fácilmente. Pasan los momentos y nuevamente corren por la puerta en el último minuto.

¿Por qué llegan tarde?

Nuevos estudios han demostrado que algunas personas se emocionan con los límites, incluida la puntualidad. Al igual que el exceso de velocidad en una carretera, existe un peligro perceptible y eso lo hace atractivo. La última milla les da la patada, inconscientemente, y disfrutan de la emoción del dilema de "no voy a hacerlo".

Luego están los que compulsivamente quieren hacer "un poco más" contra una fecha límite inminente, que les da la emoción cuando llegan tarde. Es como si quisieran demostrar un punto para sí mismos: sobre su confianza, habilidades y supuesta gracia bajo presión.

La puntualidad es su propia recompensa:

En contraste, la puntualidad viene con algunos beneficios inusuales. Digamos que tiene un horario optimizado que rige su día y que es muy estricto al respecto. Así que te levantas a las 5 am, sales a caminar a las 5:30 am, regresas a las 6:30 y terminas tus abluciones matinales a las 7:30 am. Usted desayuna a las 8 am, y sale a trabajar a las 8:30 am. Tiene un horario disciplinado y la regularidad lo mantendrá en forma y alerta.

Solo demuestra que la puntualidad no es solo sobre el tiempo. Le da un sentido de propósito y le da un sentido de orden a su mañana, su día y su vida.

Domina esa tardanza... o si no:

Hoy en día, todas las empresas tienen una fecha límite. Si bien los efectos de la tardanza no se muestran de inmediato, afortunadamente, afectan a casi todos los departamentos y, finalmente, cambian el color de la línea de fondo. Esto significa que obtienes el tiempo de espera para detener la amenaza y el rumbo correcto en el camino. También significa funciones sensibles al tiempo de la empresa que sí se ven afectadas; las líneas de ensamblaje disminuyen la velocidad, las llamadas telefónicas se responden tarde y las entregas se retrasan.

Tan importante como la pérdida de productividad es la pérdida de moral entre los empleados. Los recién llegados crónicos se convierten en un tema de discusión, y los puntuales comienzan a creer que está bien llegar tarde. Ellos "asumen" que las reuniones nunca comienzan a tiempo, por lo que pueden llegar tarde la próxima vez. Así, toda la fuerza laboral comienza a ser indulgente con el tiempo; Esta actitud es un gran problema y exige medidas drásticas.

Es más que la puntualidad, su "disciplina de tiempo"

En su totalidad, la puntualidad ahora adquiere un significado más amplio: se trata de disciplinar el tiempo a su disposición. Si todo se hace a tiempo, es un día eficiente y productivo.

¿Le molesta que el carpintero no llegue a la hora acordada y se demore su próximo horario? Es exactamente lo mismo cuando llegas tarde. Cuando entiendes que la falta de puntualidad es el robo del tiempo de otra persona, no quieres llegar tarde.

No solo es una falta de respeto hacia los demás, sino que también sugiere que usted valore su propio tiempo más que el de la otra persona. Digamos que tiene una cita con el Presidente de los Estados Unidos, ¿llegaría tarde a eso? De modo que se deduce que cuanto más importante es la persona, más probable es que honres el tiempo. También se deduce que su reunión regular en la oficina es menos importante para usted, y no le importa lo suficiente como para estar allí a la hora señalada.

Una lección de la madre naturaleza:

La mayor lección de puntualidad proviene de la naturaleza. Solo mire alrededor. El sol sale cada mañana a la misma hora y también se pone de manera similar. La noche sigue al día, la luna sale y se pone según el patrón. Las estaciones son puntuales: las lluvias se producen todos los años a la misma hora; Lo mismo ocurre con el invierno, la primavera y el otoño. Las flores florecen a la hora acordada, mientras que las aves migran a la misma hora año tras año.

Mire más allá de lo obvio y verá cómo todo en la naturaleza sucede según el plan, en el momento adecuado. Incluso eventos como el parto siguen un calendario que es preciso. Nada de lo que ocurre en la naturaleza ocurre fuera de lugar, y ahí radica nuestra lección.

Puntualidad ponche

George Washington, el primer presidente

de los Estados Unidos, era conocido por su pasión por la puntualidad. Ya sea que se reuniera con el Congreso al mediodía o con su comida, él estaba allí en el punto. Una vez, dio una cita a las 5 am para comprar algunos caballos y el hombre llegó a las 5:15 am, solo para que le dijeran que el Presidente estaba allí a la hora señalada y que no podía verlo. En otra ocasión, su propia secretaria llegó tarde a una reunión. El hombre siguió culpando a su reloj, a lo que Washington respondió: "Entonces, debe obtener otro reloj, o yo otra secretaria".

¡PRUEBA ESTO HOY!

Las notas adhesivas pueden asegurar que una cita importante se quede en su cabeza. Colóquelos en puntos que no se puedan perder: espejos, tablas blandas, puertas de refrigeradores, etc. para recordarle que debe planear llegar temprano.

CAPÍTULO 4: EL ARTE Y LA CIENCIA DE LA GESTIÓN DEL TIEMPO

SI QUIERES ESTAR A TIEMPO, POR FAVOR, TÚ MISMO, CON ESTOS DATOS Y CONSEJOS

"Siempre he estado un cuarto de hora antes de mi tiempo, y ha sido un hombre de mi parte".

-Señor Nelson

No es ningún secreto que los hombres de negocios estadounidenses consideran que las tardanzas constantes son una de las tres mayores molestias. Como toda gestión de cosas, controlar el tiempo es parte arte y parte ciencia. Hay un instinto para manejarlo, y comienza con ser puntual. Aprendamos cómo en este capítulo.

La tardanza es un hábito, así como la puntualidad.

Conducir bien es un hábito adquirido; La puntualidad es la misma. Y hay que aprenderlo paso a paso. Una vez dominado, es como nadar o andar en bicicleta. Nunca lo olvidarás, y nunca te decepcionará. La mayoría de las personas son solo humanos, ni puntuales ni demasiado tarde. Son víctimas de la "esquizofrenia del tiempo": lo hacen en el momento oportuno o se quedan con los recién llegados de otra manera.

¿Cómo ir de tarde a puntual? Pruebe estos simples consejos:

- El botón de despertador es tu enemigo! Levántese cuando se apaga, no se quede recostado en la cama o mirando la televisión acostado.
- Haga algo rápido para despertarse: estire su cuerpo, lávese la cara o comience a cepillarse los dientes.
- Comprobar qué tareas llevan más tiempo. Corregirlos, equilibrarlos.
- Mantenga los relojes en todas partes: en su baño, en la cocina, incluso en el garaje.
- Establecer temporizadores para cada actividad. Si alguna actividad excede el tiempo, trabaja en ello.

- Evite "una cosa más por hacer": no haga cosas pequeñas antes de esa gran reunión.
- Nunca revise los mensajes de voz antes de irse, casi siempre lo retrasa.
- No te dejes engañar por la emoción de ganarle al reloj. No puedes ganar todo el tiempo.
- Cuando llegue temprano, use el tiempo de espera de manera productiva. Revise los correos, responda a los mensajes, revise la agenda, lea.
- Trabajar hacia atrás. Por ejemplo, cita: 10am. Llegar a la sede: 9:45 am. Tiempo de viaje: 30 minutos. Dejar a las 9:15 am. Prepárate para: 9am. Desayuno: 8:30 am. Y así.
- Sobreestimar el tiempo empleado para todo. Si el viaje es de 20 minutos, factor en 30.
- Ajuste el reloj 15 minutos antes. O vuelva a aprender a leer la hora: si son las 8:00, léala como 7:45.
- Si cree que saber que el reloj tiene 15 minutos de anticipación realmente no

ayuda, tenga diferentes relojes con diferentes tiempos "adelantados". Entonces, el reloj de su habitación tiene 15 minutos de anticipación, el reloj de la sala de estar 12 minutos más adelante, el reloj de la cocina con 17 minutos de anticipación y el reloj del baño con 11 minutos de anticipación. ¿Recordarás qué reloj es cuántos minutos "por delante"? No lo harás y estarás adelante de todos modos.

- ¿Nada de este ajuste de tiempo está funcionando? Obtenga el "Reloj Pronosticador": un reloj virtual en su PC o Mac que establece su propio tiempo aleatorio en una banda de quince minutos. Ya que no sabes qué tan lejos está por delante, te darás prisa y estarás a tiempo.
- Estar en su mejor momento, prepararse para lo peor, anticiparse mejor y adelantarse a los plazos.
- La rebelión es para adolescentes: usted es un ejecutivo responsable que va a trabajar. Llegar a tiempo.

- Págate un dólar por cada vez que llegues tarde. ¡Mira cuánto recoges!

La motivación para ser puntual:

Para algunos, es solo el miedo de llegar tarde. Se imaginan a sí mismos caminando hacia una sala llena de personas esperándolos, avergonzados por las miradas y las preguntas inevitables: odian esa perspectiva, odian estar en esa situación, odian lo que esto haría con su reputación. También les encanta la sensación que tienen cuando llegan a tiempo, atraen miradas de admiración y aceptan los cumplidos.

Para otros, podría ser cualquiera de las razones más mundanas. Se considera que la impuntualidad no es confiable y no quieren que afecte sus carreras (¿Tendrá impacto en mis evaluaciones?). La tardanza crónica podría llevar a retrasos o denegaciones de promociones, beneficios pasados por alto y vacaciones canceladas. Mientras que a algunos les resulta desagradable mantener a la gente esperando (¿Se enfadarán?). Se sienten culpables o esperan reciprocidad de los que llegan tarde.

El instinto de auto conservación.

La puntualidad también se deriva del deseo de estar allí cuando suceden cosas importantes. Vas tarde y te pierdes algo crítico, o alguien tendrá que resumir las cosas por ti, y hay muchas cosas que se pierden en la traducción. Afrontémoslo: llegar tarde indica que no tienes el control de tu propio tiempo y, por lo tanto, no puedes controlar mucho más.

Luego vienen las asociaciones "buenas" y "malas": llegar a tiempo es bueno con las imágenes de un individuo positivo y responsable, y las tardanzas conllevan el bagaje de ser malo: una persona informal y descuidada que no es apta para mayores responsabilidades.

Muchos juegan a largo plazo, en el trabajo o en las relaciones, especialmente cuando hay mucho en juego. Usted está mirando esa promoción en los próximos dos años y no ayudará a la causa si llega tarde o si desea formular la pregunta con su novia, no es muy emocionante cuando no llega a tiempo.

¿Qué hace la gente puntual, puntual?

Mejor planificación: es un hábito. Y la forma en que realizamos nuestras tareas diarias influye en el tiempo consumido. Tal vez haya una mejor secuencia, un atajo, o simplemente una nueva forma de hacerlo todo. Las personas puntuales se enfocan en pasar la rutina de la manera más óptima, eliminando los lujos con eficiencia y, si algo no funciona, lo solucionan.

El tiempo extra siempre es una realidad dudosa, por lo que se dan más libertad para las tareas de tiempo variable. Comienzan temprano, preparándose para el tráfico. Llegan temprano, para estar frescos y listos para trabajar. Crean reservas de tiempo extra para superar sorpresas y retrasos inesperados. Además, disfrutan de una gran ventaja competitiva: al llegar temprano, tienen tiempo en sus manos, que utilizan de manera rentable para revisar los correos, revisar las actas de la reunión anterior o simplemente conversar con los primeros colegas.

La preparación avanzada mejor preparada está a medio hacer. Se sabe que las personas puntuales se preparan para eventos importantes mucho antes de tiempo. Verifican las direcciones en línea, se preparan para el día siguiente (qué blazer usar para esa entrevista, con qué par de zapatos) y comienzan temprano, lo que les da una gran ventaja. Es posible que deba recoger los documentos pertinentes, hacer impresiones o incluso preparar el desayuno. Los eficientes preparan algo la noche anterior, por lo que incluso se ahorra tiempo.

Siendo reales son realistas. No "fantasean" sobre el tiempo que tarda una actividad. Conocen la realidad de cada actividad y explican el tiempo que se tarda en realizarlas. Esto les ayuda a mantenerse en curso.

Por el contrario, los recién llegados crónicos "asumen" peligrosamente. El viaje que tomó siete minutos hace dos años podría tomar doce minutos ahora, lo que representa más tráfico y rutas más largas. Pero, de alguna manera, los que llegan tarde están ciegos a eso.

La gente puntual nunca se apresura:

Sólo los últimos se apresuran como locos. Las personas puntuales, por otro lado, están mejor planificadas y, por lo tanto, tienen sus actas ordenadas para diferentes tareas según sea necesario. De esta manera, no tendrán que salir apresuradamente por la puerta. Echa un vistazo a estos consejos y trucos utilizados por el puntual.

La preparación para la mañana pasa la noche anterior. Haga una lista de verificación de las cosas que necesita hacer antes de ir. Aquí hay una muestra:

- En el gran día, pon la alarma una hora por delante. De esa manera, incluso si se duerme por un tiempo, su agenda no puede ser perturbada.
- Ropa para vestir. Colóquelos cuidadosamente en la cama.
- Zapatos. Elige el par que quieras, con los calcetines que van con él.
- Cargue su computadora portátil, tableta y teléfono celular con anticipación.
- Tome todo lo que necesita: carpetas

con documentos, bolsas con lo esencial, tarjetas de visita, prueba de identidad, lo que sea.
- Confirmación. ¿Necesitas confirmar que vienes en camino? Mantenga un borrador de mensaje listo para que todo lo que haga sea enviarlo cuando salga.
- Mantenga su billetera lista; tener suficiente cambio / monedas pequeñas, etc., según sea necesario.
- Llaves: lo último que toma al salir, lo primero que reemplaza cuando entra. Manténgalos siempre junto a la puerta.

Coloque todos estos elementos indispensables en un lugar, idealmente en un mostrador junto a la puerta. Así que puedes elegirlos todos de una vez. Recordarás una cosa a la vez, desbloqueando la puerta y corriendo para cada una.

Ten un rincón dedicado para estos, para que sepas dónde están. Hay otra ventaja en el rincón de los misceláneos. Si necesita algo más para tomar, colóquelo con mucha antelación o incluso cuando piense en ellos. Otra buena idea es dejar algunos artículos en el auto, cosas que necesitas en la carretera. Así que no hay posibilidad de olvidar a ninguno de ellos.

En esta era de multitarea, las personas a menudo se encuentran persiguiendo el reloj. Una salida simple es priorizar las tareas en lugar de tratar de hacerlo todo al mismo tiempo. Además, trate de eliminar los elementos menos importantes de su lista de tareas pendientes. Clasifique su lista de tareas en tres: Urgente, Importante, Urgente e Importante. Obviamente, el último mencionado es el primero en ser atendido, seguido por Urgente; algo puede ser importante pero podría hacerse más tarde.

Es común que algunos de nosotros estemos "esperando" a que las personas lleguen a las reuniones. Un pequeño truco aquí es programar reuniones en sus oficinas. De esa manera, usted es el que necesita ir a su encuentro. Puede llegar a la hora acordada y terminar su negocio según lo programado. Como beneficio adicional, siempre puede levantarse e irse cuando haya terminado, mientras que las personas que vienen a su oficina tienden a quedarse, matando el tiempo.

Para poner orden en el caos que es el tiempo, todo lo que necesita es la virtud de la puntualidad. La gente puntual diseña sus propias pequeñas maneras de domesticar al monstruo tardío. En el siguiente capítulo, exploremos más consejos y trucos para administrar el tiempo.

Puntualidad ponche

¿Sabías cómo el presidente Barack Obama siempre logra llegar a tiempo? Mantiene su reloj 10 minutos por delante. Aparentemente, ha estado haciendo esto durante más de diez años, y afirma que le ayuda a mantenerse puntual. Pues se lo lleva a la Casa Blanca, seguro. Por supuesto, usted sabe que el reloj está por delante, pero aún así le da cierto margen de maniobra antes de que el tiempo pueda ponerse al día.

¡PRUEBA ESTO HOY!

Analizar. La próxima vez que llegues tarde, tómate unos minutos para entender por qué. Luego, trate de abordar la causa o corrija su comportamiento. Con el tiempo, harás un buen progreso en la puntualidad.

CAPÍTULO 5: NUNCA COMENZAR EL DÍA CON UNA APOLOGÍA

A la moda tarde es para celebridades; usted solo terminará deciendo lo sentimos
Ríe y el mundo se ríe contigo, sé puntual y cenas solo.

-Gerald Barzan

Aquí hay una pequeña prueba. Piense y determine con qué frecuencia comienza su día con "Me disculpo por llegar tarde..."

¿Perdona la primera palabra que usas todos los días? Imagina cómo progresaría tu día si comenzara con una disculpa, ¡y eso por algo tan irresponsable como llegar tarde! Piensa en ti mismo como este individuo acosado que siempre se apresura en las reuniones, la última persona en sentarse en la mesa de conferencias. Alguien que siempre está avergonzado, cuyos papeles siempre están volando, culpando al reloj. Aquel a quien los otros se quejan por retenerlos. ¿Te gustaría trabajar con una persona así? ¿Alguien?

Cómo mantener el tiempo refleja tu personalidad. Se ha demostrado que las personas puntuales también muestran carácter e integridad, en comparación con los recién llegados que tienden a ser informales sobre todo. Puede parecer un problema menor, solo una demora de cinco minutos, pero podría ser indicativo de un problema mayor, la proverbial punta del iceberg.

Es muy posible: no te das cuenta del hecho de que eres un reincidente crónico. ¿Qué hacer entonces? Primero, reconozca que la tardanza es un problema que debe abordar, porque la conciencia es donde comienza el cambio. A continuación, tome las medidas necesarias para contrarrestarlo. ¿Por qué perder el tiempo? Haz un nuevo comienzo de inmediato.

Puntualidad - hazlo una prioridad

A menudo, la tardanza se convierte en un

hábito aprendido en la infancia. Por lo tanto, se necesita algo más que un deseo de ser puntual. Requiere un cambio de actitud completo. Y este cambio implica el reloj. Antes, solo lo mirabas cuando llegabas tarde. Ahora necesitas que sea el centro de tu atención a lo largo del día.

Poner en papel, comprometerse

Tome un pedazo de papel y anote todas las actividades que necesita hacer para ese día. Contra cada uno, marque el tiempo requerido y la hora en el reloj que intentaría hacerlo. Luego vas a cumplirlos, una tarea a la vez. Vigile de cerca la hora que toma cada una y la hora en que lo hace. La vigilancia estrecha es la única otra manera. ¡Hay una gran alegría en marcar las tareas en una lista! Así que deja que el reloj conduzca tu día en lugar de frenesí.

No lo hagas con cosas:

Cuando hagas tu lista, no seas demasiado ambicioso. Estamos tratando de resolver un problema aquí, no de correr una maratón. Así que hazte real, y ponte en marcha. Nuevamente, use la técnica Urgente-Importante (vea el capítulo anterior) para priorizar su lista. Consigue menos, eso está bien, siempre y cuando lo hagas bien. Con la práctica, puedes comenzar a agregar más tareas y, finalmente, dominarás el arte de hacer más y a tiempo.

Al programar reuniones, menos es más:

La misma regla se aplica en el trabajo. El solo hecho de asistir a las reuniones no es un signo de eficiencia si no sale nada concreto de ellas. Lo mismo se aplica con las citas. Es bueno ser un entrometido, pero es mejor ser un triunfador. Es por esto que tiene sentido tener menos reuniones que sean más productivas que tener un día lleno de sorpresas sin que se logre nada al final.

Comprenda que las reuniones no terminan a tiempo:

¿Con qué frecuencia se ha sentado a la cola de una reunión preocupándose si alguna vez llega a la siguiente a tiempo?

Esta es precisamente la razón por la que no debe apilar sus citas espalda con espalda. A medida que las reuniones se acercan, la gente en general se molesta porque llega tarde, causando estrés y reacciones de enojo. No solo eso, sino que consolida aún más su notoriedad como un reportero crónico al que no se puede confiar en el tiempo.

Antes de arreglar una reunión, ¿necesita una reunión?

Las reuniones se han convertido en la pesadilla del mundo corporativo. Los ejecutivos deben ser vistos como ocupados, por lo que la forma más fácil de salir es arreglar reuniones: discutir con otros colegas del departamento, entrar y salir apresuradamente de las cabinas y pretender trabajar. Así que pregúntate: ¿esta tarea merece una reunión? Si es solo un Sí o No que busca como respuesta, ¿realmente necesita conocer a la persona? A menudo, una llamada o un correo corto es todo lo que necesita. Se ahorra mucho tiempo, que se puede utilizar para otras tareas.

Espere que las cosas se retrasen durante el día:

Si anticipas algo, estás mentalmente preparado para ello. Cuando esperas lo inesperado, estás aceptando que las cosas no siempre van como un reloj, y que a veces habrá atascos de tráfico genuinos y colegas que se enferman. Cuenta para tales ocurrencias inevitables en la vida. Sin embargo, si planifica para ellos y reserva un tiempo de antelación, no se produce ninguna demora o, cuando lo haga, no afectará al flujo de trabajo.

Evita las distracciones que te retrasan:

Hoy en día, es común ocuparse de uno u otro dispositivo, ya sea viendo videos en YouTube o chateando con amigos por teléfono celular. Aunque la mayoría de las personas se entregan a estos para deshacerse del estrés (y también es algo bueno), no se dará cuenta de cómo y cuándo los dispositivos tomarán el control sobre usted y su tiempo. No se equivoque, un gadget puede hacer su vida más simple y eficiente. Sin embargo, a menudo termina convirtiéndose en su esclavo. A su vez, te conviertes en una víctima desafortunada de sus muchas atracciones, alejando tu mente de las tareas críticas que tienes a mano. Retrasa el resultado.

Termina las cosas el mismo día y ten una mañana fácil:

Si es posible, llegue a la línea de meta en la mayor cantidad de trabajos posible el mismo día, incluso si eso significa quedarse un poco atrás. Esto no solo le brinda la satisfacción de haber "logrado" las cosas, sino que también lo deja con una mañana menos concurrida al día siguiente. Por lo general, las mañanas son las más agitadas cuando todo el mundo parece chocar contra tu cabeza, así que si tienes una primera mitad fácil, te sentirás bendecido.

Tener una lista de la noche a la mañana:

Digamos que no pudiste terminar todo por la noche. Sin sudor, haga una pequeña lista de los trabajos restantes y llévelo con usted. Pégalo en el espejo del lavabo, te ayudará a mantenerte concentrado. Verá la lista de nuevo por la mañana mientras se prepara, lo que le brinda una instantánea del trabajo que necesita atención inmediata. Además, tendrá la oportunidad de revisarlos mentalmente y puede comenzar a completarlos tan pronto como llegue a la oficina.

La gestión del tiempo es el hábito más importante de los emprendedores exitosos y que el resto de nosotros necesitamos emularlo. Saben que la puntualidad no se trata solo de ir a trabajar a tiempo o de llegar a las citas puntuales. También se trata de cumplir los plazos de trabajo, cada vez. Eso requiere práctica y paciencia para comprender cómo funciona el tiempo para usted y cómo responde a sus demandas. Debe estar al tanto de la puntualidad porque esa es una cualidad importante en usted que le dice a su empleador que usted es un dinero bien gastado.

Es una habilidad que necesitas dominar como cualquier habilidad; necesita aprender algunas cosas y desaprender algunas otras. Por encima de todo, requiere su aplicación y el reconocimiento de que la tardanza crónica puede ser un problema que requiere atención enfocada. Necesita su único compromiso para atacarlo y llegar a un conjunto satisfactorio de soluciones. Sigue leyendo y te daremos más métodos para hacer eso.

Puntualidad ponche

¿Qué es peor que llegar tarde a una cita? No dejar que la otra parte lo sepa. En los tiempos actuales de los teléfonos celulares y las tabletas, lo más fácil es que la gente sepa qué tan tarde es probable que llegue. Indica que trata al cliente con respeto y que valora su tiempo, pero que su razón sea genuina. Por ejemplo, si está atascado en el tráfico, es una situación indefensa. Entonces, lo menos que puede hacer es informar a su cliente de la manera en que pueden hacer otra cosa mientras tanto. Son las cosas educadas que hacer y te ayudan a forjar una mejor relación con tu cliente.

¡PRUEBA ESTO HOY!

Escuchar la radio por las mañanas. La mayoría de las estaciones (o jinetes de radio) siguen anunciando la hora de vez en cuando, para que pueda estar alerta sin mirar físicamente el reloj.

CAPÍTULO 6: ¿QUÉ HACE A LAS PERSONAS SUPER PUNTUALES?

CINCO HABITOS PODEROSOS QUE PONEN EL PODER EN TUS MANOS

"Lo siento, llegamos tarde", dijo Jason. "¿Es este el tipo que necesita matar?"

-Rick Riordan, La Casa de Hades

La puntualidad es poder. Es un poder que puede ejercer para el progreso personal en el trabajo. Porque viene con sus cualidades asociadas que lo ponen en una liga diferente, y le da una imagen de eficiencia. No solo será visto como una persona en la que se puede confiar, sino que se lo considerará una estrella emergente y un futuro portador de la antorcha de la compañía. Entonces, ¿qué evitan las personas puntuales?

Las personas puntuales no tienen atracones la noche anterior:

Esto es un completo no-no. Digamos que

tiene una entrevista o una presentación importante al día siguiente; Lo ideal sería pasar la tarde anterior y la noche en preparación. Reúna documentos clave y colóquelos en una carpeta, repase los puntos mentalmente. Ensaye sus respuestas a preguntas cruciales, entregue una presentación simulada. Como se detalla en los capítulos anteriores, prepare su atuendo y tenga a mano todas las demás probabilidades y los finales. Estar físicamente y mentalmente al día.

Ahora imagina si tuviste un atracón nocturno; ¿Crees que te lo habrías pasado bien? Improbable: el día siguiente te estresará y proyectará su sombra sobre tu evento. Terminarías tarde, ebrio; despierta tarde, con resaca; tropieza a través de tu mañana, aturdido; estar mal preparados, durmiendo a través de la presentación; y arruinarlo a lo grande.

Las personas puntuales duermen temprano - y bien:

Es un poco frío irse a dormir temprano. Pero es una necesidad para el éxito... y nada más, te mantiene fresco por la mañana para el día siguiente. Los que duermen tarde crónicamente tendrán un problema con esto, ya que no están acostumbrados a golpear el saco temprano. Necesita un poco de práctica, pero finalmente se sentirá cómodo retirándose temprano y dormirá bien gracias a ello. Dormir bien es la clave para un buen día y un buen día. Todos nosotros subestimamos el poder de dormir bien. Rejuvenece tu cuerpo y vuelve a energizar tu mente, y eso a su vez hace que la primavera de tu paso marque las tareas a tiempo. Si prefieres las últimas noches, reserva para los fines de semana.

La gente puntual se despierta temprano:

Vete a dormir temprano y estás bien sintonizado para levantarte temprano. Una vez más, formar un hábito y los beneficios son infinitos. Terminará teniendo un montón de tiempo, por lo que puede pasar el rato con suficientes minutos adicionales para tomar un sorbo de su café y navegar por el periódico. Tener una mañana sin prisas hace maravillas por el resto de su día. Su estado de ánimo será más relajado, la receta correcta para adherirse a las líneas de tiempo. Los madrugadores tienen una mente fresca llena de ideas, lo que significa que no solo tendrás tiempo de tu lado, sino también un cerebro bien cargado listo para una acción rápida.

Las personas puntuales llegan antes de tiempo:

Este es un rasgo común de las personas puntuales que llegan al menos cinco minutos antes de cualquier cita. Está integrado en su sistema, una práctica que les da una ventaja competitiva clave. Al llegar temprano, se aclimatan a su entorno si son nuevos o llenan los minutos con algo productivo de lo contrario.

El llamado "tiempo de inactividad" se puede dar un buen uso de diferentes maneras. Llegas temprano a una reunión, te calmas, tomas un vaso de agua, repasas la agenda, mantienes tus papeles y el tono listos. Mientras otros entran, es bueno verte ya en tu asiento; puede participar en pequeñas charlas o intercambiar notas sobre el trabajo y, en general, tener una idea del entorno que lo rodea. A menudo, en las oficinas de los clientes, obtiene acceso a información de mercado no relacionada que podría usarse en otros lugares para hacer negocios, no es posible si llega tarde, sudoroso y molesto.

Hay un pequeño truco que utilizo cuando tengo que hacer una presentación importante. Llego temprano, a veces hasta quince minutos antes de la hora. La fiesta del cliente llega una a una, están contentos de verme antes. Aprovecho esa positividad y la extiendo al involucrarlos en una pequeña charla. La reunión aún no ha comenzado, y me da el tiempo y la oportunidad de construir mis propios puentes personales con ellos y ponerlos de mi lado. Esto me ha ayudado más allá de la imaginación, no solo para vender el trabajo inmediato, sino también en varios otros frentes a largo plazo.

Una relación personal es tan crucial y eso es aparte de la relación entre sus dos compañías. Si tiene algo que vender, en la mayoría de los casos, una idea, es fundamental estar armado con el "cociente de relación" necesario para negociar su camino.

Las personas puntuales nunca retrasan el trabajo:

¿Alguna vez has pospuesto algo, diciéndote a ti mismo que podría hacerse más tarde? Aquí yacen las semillas de la tardanza. Lo que se pospuso para mañana, o la próxima semana, está obligado a obstruir el flujo de trabajo más tarde, retrasando otros trabajos programados y apareciendo como fechas límites perdidas.

¿Qué harían las personas puntuales? Se adherirían al horario original. Sencillo. Lo que hay que hacer debe hacerse. Después de todo, la emoción de hacer está en hacer y en terminar lo que estás haciendo. Si tiene que completarse, no tiene sentido guardarlo para otro día porque otro día también será idéntico a este, con suficiente trabajo para ese día. Lo mejor es atenerse a su línea de tiempo, no sentirse perezoso o indiferente y ejecutar ese trabajo a la perfección, y a tiempo. Estarás feliz al día siguiente.

Como puede ver, la puntualidad es mucho más que llegar a tiempo. Es una forma de vida completamente diferente que necesita un poco de esfuerzo, un poco de abandonar la mala actitud y un montón de pensamientos positivos.

Puntualidad ponche

Hay algo que trato de hacer antes de cada reunión con un cliente. Es porque cada presentación es un asunto nervioso. Puede que seas un veterano campeón, pero eso deja que suelten todas las mariposas. Es probable que haya algunos problemas iniciales; las pocas oraciones iniciales son siempre las más difíciles. Encontrarás tu voz extraña para ti mismo y temblando, y tus palabras se mezclarán.

Para evitar este problema, hable con todos antes de que comience la presentación. Por lo tanto, cuando todos estén listos y listos, lo iniciarán sin problemas y sin esfuerzo, como si se tratara de una continuación de lo que ha hablado anteriormente. Si se hace de manera inteligente, nadie notará el hecho de que su pequeña charla terminó y la presentación formal había comenzado. Es necesario que repita: algo como esto es posible solo si llega temprano y tiene tiempo para conversar con su cliente antes de su reunión.

¡PRUEBA ESTO HOY!

Coloque su reloj de alarma lejos de la cama. Todos presionamos el botón de despertador antes de despertarnos, pero ¿y si el reloj está lejos? Tendrás que levantarte, caminar hacia él y silenciarlo. Inmediatamente después de levantarse, haga cosas pequeñas para distraer su mente del sueño: quite el periódico de ayer, cargue la computadora portátil, riegue su planta, llene el tazón del perro... cualquier cosa para mover sus músculos y aflojar sus articulaciones. Para entonces, estarás lo suficientemente despierto como para no volver a caer en la cama.

CAPÍTULO 7: LAS PERSONAS PUNTUALES ESTÁN SIEMPRE EN LA "ZONA"

CREE UN MUNDO DE EFICIENCIA TRANQUILA COMO ELLOS - CON MÁS CONSEJOS CALIENTES

La puntualidad es el alma de los negocios.

-Thomas Chandler Haliburton

Las personas puntuales van un paso por delante y sudan los detalles. Entienden que terminar una reunión a tiempo es tan importante como comenzar a tiempo. Además, vigilan la productividad. Veamos algunos consejos más que se han convertido en la segunda naturaleza de la puntualidad.

Nunca te dejes atrapar con el trabajo que consume tiempo

Digamos que hay un trabajo que lleva tiempo. Tanto tiempo, de hecho, que es seguro para comer en otras piezas más pequeñas de trabajo que son más importantes. ¿Qué haces? Ponga el trabajo que consume tiempo en el quemador posterior. Tómelo solo cuando tenga ese período ininterrumpido de tiempo disponible. Esto evita que sus otros trabajos se vean comprometidos y asegura que su registro de puntualidad no tenga problemas.

Las personas puntuales, gracias a su evaluación realista del trabajo y al tiempo que se demoran (ver capítulos anteriores), saben instintivamente qué trabajos asumir y cuáles evitar. Esto los coloca en una posición para garantizar un flujo de trabajo sin problemas basado en los plazos y la disponibilidad de tiempo.

Date más tiempo

"¡Ojalá tuviera más tiempo en este trabajo!" ¿Con qué frecuencia te has dicho esto a ti mismo? Sin embargo, el hecho es que obtienes la misma cantidad de tiempo que el siguiente jugador. ¿Cómo consiguen las personas puntuales la ventaja?

Se dan más tiempo al llegar temprano al trabajo. Esto no significa físicamente llegar temprano al trabajo (aunque incluye eso).

Significa que su ciclo virtuoso de hacer las cosas temprano en cada proyecto da como resultado más tiempo para todos los proyectos. Ahora, algunos trabajos necesitan menos tiempo mientras que otros necesitan más. Cuando se acumula tiempo adicional en varios trabajos, terminan teniendo más tiempo para los proyectos que lo necesitan. El corolario natural ocurre: obtienen más tiempo en un trabajo de presión, se centran en él mejor y ofrecen mejores resultados. Bastante simple, ¿no es así?

Mantenga su propio plazo "interno":

Es común que las personas puntuales establezcan su propia línea de tiempo para un proyecto, lo que sería mucho más corto que el plazo real. Es parte de su naturaleza, su ética de trabajo. No es que se comprometan; solo que se esfuerzan para completar los trabajos antes de la hora límite.

Ahora, una vez más, tienen más tiempo en sus manos que se puede utilizar fructíferamente ya sea preparándose para el próximo proyecto o realizando otras actividades para mejorar las habilidades. De cualquier manera, obtienen una ventaja sobre los demás y, una vez más, terminan antes de lo necesario. Este es el ciclo virtuoso al que nos referimos anteriormente: una serie de trabajos completados temprano como un hábito, lo que resulta en el tiempo acumulado hacia el final.

Tenga un plan B:

En la vida, como en el mundo corporativo, las cosas pueden ir mal y, a menudo, lo harán. La excelencia no reside en aspirar a un mundo perfecto, sino en prepararse para un mundo imperfecto. Es una habilidad que las personas puntuales han dominado.

Afortunadamente, todas las cualidades de las personas puntuales juntas, las preparan para esto. Comienzan temprano y anticipan demoras, por lo que tienen tiempo para pensar en un plan de respaldo. Si hay un atasco de tráfico y el desvío es más largo, pueden tomarlo felizmente. Si hay un obstáculo en el metro y el próximo tren es veinte minutos después, no deben entrar en pánico; Habían empezado media hora antes y podían tomar un taxi, incluso si el tráfico demoraba más.

Evite el trabajo de última hora:

Hacer algo a última hora está cargado de riesgos. Para uno, hay una buena posibilidad de perder el plazo de todos modos y para otro, la probabilidad de hacer un trabajo mediocre es alta. Los puntos importantes deben perderse, lo que requiere una revisión completa, lo que lleva incluso más tiempo.

Las personas puntuales, confiando en su visión de programación, tienen un espacio para cada trabajo. Si cada proyecto se completa según lo programado, hay pocas posibilidades de que surja algo en el último minuto. Es así como se posicionan ante lo inesperado.

Divida las tareas grandes en partes más pequeñas.

A veces, una tarea gigantesca puede desconcertarte. Es tan mamut; simplemente no sabes por dónde empezar. Las personas puntuales, con su comando durante todo el día, estiman el tiempo total requerido para todo el proyecto. Luego, dividen el gran proyecto en trozos más pequeños y digeribles y les asignan pequeños trozos de tiempo. Y un hito aparentemente inalcanzable repentinamente se vuelve factible y bien dentro del tiempo en cuestión.

La próxima vez que se te asigne una tarea importante, mira si puedes usar un martillo. Dale un golpe todopoderoso, hasta que las diferentes partes se vuelvan del tamaño de una pinta; entonces empieza a atacarlo. Encontrará, para su sorpresa, que tanto su capacidad como el tiempo disponible son más que adecuados para terminarlo.

Ser puntual; estar "en la zona"

Mire alrededor de su lugar de trabajo...

notará que las personas puntuales se destacan. Hay un cierto zumbido sobre ellos y alrededor de ellos hay un aura especial de energía. Cortaron el desorden de la mediocridad por su eficiencia silenciosa y su enfoque fresco hacia las personas y el trabajo.

Las personas puntuales crean una "zona" para ellos mismos, un espacio mental exclusivo que se modifica constantemente, como afinar una guitarra, para aprovechar al máximo el tiempo y las habilidades a su disposición. Esa zona es la eficiencia personificada; se trata de respetar el tiempo, ya sea llegar a algún lugar o hacer algo. Una vez que entran en la zona, están en ella para siempre y hacen que parezca fácil sin esfuerzo, para la envidia de los que están fuera. Lo que debemos hacer el resto de nosotros no es envidiarlos, sino emularlos. Mantenga una mente abierta, estudie sus patrones de comportamiento y comprenda su enfoque a diferentes situaciones. Los consejos que se dan en este libro son un excelente punto de partida para comenzar su búsqueda para conquistar el tiempo.

Puntualidad ponche

Soy un gran fanático de la multitarea, pero lo hago con una diferencia. Digamos que hay tres tareas que deben hacerse con urgencia. Los tres necesitan trabajo mental y los tres son exigentes. Entonces, ¿cómo debo hacerlo?

Esto es lo que no debo hacer; No los termino uno por uno, como dice la sabiduría convencional. En este enfoque, pones todas tus energías para hacer el primer trabajo. Cuando hayas terminado, la fatiga física y el agotamiento mental lo determinan, ¿cómo logras las otras dos tareas?

Aquí es donde mi técnica de "mordisquear" entra en juego. Lo que hago es saltar a los tres trabajos simultáneamente. Sí, los comienzo a todos pero no termino ninguno de ellos, deliberadamente porque mi misión no es terminar solo un trabajo, sino los tres.

¿Así que lo que sucede? Voy al primer trabajo y lo mato un poco. Luego lo dejo, como un pez que pasa al siguiente cebo, y 'mordisquea' un poco en el segundo trabajo. Luego 'picar' en el tercer trabajo y luego vuelvo al primero. De esta manera, no me canso el cerebro, la variedad que ofrecen los diferentes problemas lo mantiene fresco. Y un cerebro fresco lo convierte en un cuerpo energizado. El cerebro nunca se gasta y funciona de manera óptima. Lo que realmente estoy haciendo es darle al subconsciente el tiempo y el espacio para encontrar soluciones para los tres trabajos. Mientras trabajo conscientemente en el primer trabajo, mi subconsciente trabaja en los otros dos. Entonces, cuando me acerque a estos dos trabajos, es probable que me recompensen con las soluciones que el subconsciente ya ha desarrollado. Por lo tanto, voy de un lado a otro entre trabajos y, más temprano que tarde, bingo: ¡las tres soluciones aparecen en mi cabeza! Cumplí los tres trabajos lo mejor que pude y, sin embargo, estoy tan fresco como el rocío de la mañana, listo para el próximo desafío.

¡PRUEBA ESTO HOY!

Utilice un planificador de día que separa las horas en 15 minutos. Por la mañana, ingrese todas sus actividades para el día, incluyendo: viajar, comer e ir al baño.

CONCLUSIÓN

¡Gracias de nuevo por descargar este libro!

Espero que este libro haya podido ofrecerle una comprensión detallada de la puntualidad y una excelente guía sobre cómo funcionan las personas puntuales.

El siguiente paso es probar por ti mismo los consejos de puntualidad que se ofrecen en este libro. Sé que funcionan, pero me gustaría que trabajen para usted. Por favor ponlos en práctica, uno a la vez. Algunos pueden funcionar inmediatamente, sin embargo, algunos pueden llevar tiempo, pero ejecutan el plan con diligencia y compromiso. El trabajo duro da sus frutos, ¡así que no hay razón para que los puntos de este libro no den resultados para usted!

Disfruta... y recuerda ser puntual!

Finalmente, si disfrutaste de este libro, por favor deja un comentario para este libro. ¡Podría ser muy apreciado!

Parte 2

Introducción

Quiero agradecerte y felicitarte por descargar el libro.

Muchas personas ven que sus responsabilidades cambian de vez en cuando. Dichos cambios pueden ser causados por variaciones en el trabajo o en su vida familiar.Por lo tanto, cuando alguien ve modificada su programación, debe prestar atención a la administración de su tiempo yasíencontrará la manera de mejorarlo.

Hacer un simple registro de actividades diarias es el paso inicial que debe realizar una persona. Esta lista abarcaría todo lo que seha de realizar cada día, no solo sus reuniones y citas. Al hacer esta lista, la persona podrá evaluar cuánto tiempo emplea en cada una de sus actividades diarias.

Al completar el registro de actividades diarias, la persona verá diferentes áreas en las que puede estar perdiendo períodos de tiempo significativos. Ver estas áreas y el tiempo dedicado a ellas,le puede ayudar a recuperar bloques de tiempo a lo largo del día. Es un primer paso vital para la persona que busca mejorar el uso de su tiempo.

Una vez que complete esta lista, la persona tendrá una idea más clara de las áreas en las que puede mejorar.A partir de éste momento, deberán trabajar para eliminar o minimizar el tiempo perdido en ciertas tareas. Estos cambios pueden incluir cuando se deben realizar las llamadas telefónicas personales o no jugar en la computadora hasta que ciertas tareas se hayan realizado. Arreglar este tipo de cosas permitirá a la persona mejorar mucho en el uso de sutiempo y presupuesto. Una vez implementadoslos cambios, la persona deberá monitorear estos pasos actualizando su registro de actividad diaria cada cierto tiempo.

Una persona que esté interesada en mejorar el uso de su tiempo debería usar alguna herramienta de planificación.Puede ser algo tan simple como un cuaderno que se convierte en un diario en el que una persona anotaría cualquier evento o tarea en orden cronológico. El siguiente es un formato escrito que sería un organizador tipo calendario. Se puedenadquirir calendarios que enumeran el día, la semana o el mesa la vez, para referencias y accesosrápidos.

Una persona también puede optar por utilizar un calendario electrónico o una versión de planificación de tareas en su computadora o teléfono. Existen muchas opciones debido a los avances tecnológicos, comoaplicacionesen los teléfonos inteligentes, con lo que una persona puede hacer una entrada en su teléfono u ordenador y sincronizarla automáticamente con el otro dispositivo.Estos programas pueden configurarse para crear alertassobreplazos u horarios periódicos para fechas límites o eventos. Los recordatorios son útiles para ayudar a alguien a realizar un seguimiento de los eventos que ocurren cada cierto período de tiempo.

Es una buena idea comenzar cada día haciendo una lista de las cosas que deben realizarse. Priorice la lista de tal manera que los elementos claves estén en la parte superior para ocuparse de ellos primero.

Tome nota de cualquier elemento que pueda delegarse a otra persona para ayudar a simplificar la lista. Al utilizar un calendario o programa de tareas y maximizar la capacidad de su teléfono o computadora, una persona puede mejorar la administración de su tiempo. Es importante identificar las tareas que ocasionanpérdida de tiempo que se llevan a cabo diariamente, para recuperar ese tiempo perdido.

Capítulo 1: Administración del tiempo para el logro personal

Alguna vez en tu vida te has preguntado¿Cómo hacen algunos dueños y gerentesde pequeñas compañías, para gestionar eficientemente sus empresas,tanto como para poder disfrutar de los fines desemana y viajar?cuando otros propietarios de negocios están constantemente en modo crisis, combatiendo incendios, atendiendo la tiranía de las semanas urgentes y trabajando setenta horas. Casi todos los excelentes programas de coaching de negocios ponen mayor énfasis en las técnicas de administración del tiempo personal como uno de los puntos que le ayudarán al propietario de una empresa a recuperar el dominio de su compañía y de su vida.

Las siguientes, son algunas de las técnicas de administración del tiempo que ayudarán a cualquier persona a convertirse en un exitoso propietario o gerente de una empresa:

Organícese: ser organizado y estructurado puede ser el primer paso para manejar su tiempo de una mejor manera. Haga que su calendario, de mes a mes, sea anotado con bastante anticipación y use un horario adecuado. Mantenga constantemente un organizador a mano y programe sus tareas de acuerdo con ello. Priorice los trabajos a la mano. Cree una lista de verificación de tareas por hacertodos los días y anote todas las actividades independientemente de su tamaño. Haga un libro de registro para realizar un seguimiento de sus acciones y evalúe este libro periódicamente para descubrir las tareasen laque está perdiendo el tiempo. Haga un esfuerzo en eliminar la inútil pérdida de tiempo que desperdicia enactividadesfuera de tu agenda.

Plan de acción: Trace un plan de acción diario. Puede hacer esto después de su entrenamiento matutino, o puede documentarlo la noche anterior antes de irse a dormir.

Delegación: ahorre tanto tiempo como le

sea posible al pasar sus tareas a otras personas. Los problemas que no requieren su atencióninmediata pueden ser asignados a sus subordinados u otros compañeros de trabajo. Pero al mismo tiempo, manténgalos motivados asegurándose de que asumirán la responsabilidad del trabajo que se les asigna. En tal sentido, reconozcasucontribuciónefectivamente.

Desidia/Dilación: Este es un factor muy perjudicial en la gestión del tiempo. Termine la tarea particular cuando haya programado que se lleve a cabo y no la retrase. Haga un esfuerzo constante en superar los plazos, en lugar de cumplirlos.

Afrontarel trabajo: Asuma el trabajo más difícil y después haga el trabajo más sencillo. Si terminas las tareas difíciles primero, tendrás mucho tiempo para completar los trabajos más pequeños y sencillos. Además, podrá realizar los trabajos difíciles más rápidamente si conoce su importancia particular y establece prioridades de manera efectiva.

Pensamientos negativos: manténgase alejado de cualquier pensamiento negativo, así como tambiénaléjesede los individuoscon actitudnegativa. El pensamiento negativo, su energía, da como resultado que esté demasiado agotado para hacer cualquier tarea. Mantenga unaactitud positivaen tu trabajo y rutina.

Capítulo 2: Aprendiendo buenas prácticas de la administración del tiempo

Descubrir cómo administrar el tiempo es tan fácil como escribir una lista. Saber cómo priorizar es la habilidad más importante cuando se trata de dominar la administración del tiempo. Escriba en una lista las cosas que necesite realizar yestablezca el tiempo que requerirá para lograrlo; ésto leayudará a centrarse en la tarea en cuestión. No seguir ésta recomendación, puede suponer un gran error para aquellos que intentan ahorrar tiempo.

Aprender a administrar el tiempo puede ser útil tanto en la vida empresarial como en la personal. Todo lo que se necesita es identificar cuáles son las tareas que se deben realizar. Se puede lograr escribiendo una lista y poniéndola en orden de prioridades. Una vez hecho esto, a continuación, debe concentrarse en una cosa a la vez hasta que la lista esté completa,es todo lo que necesita para enfocarse hasta *que funcione especialmente bien en casa*. Por lo general, ésta representa una escala más pequeña de prioridades personales, y usted es el único con expectativas. En el trabajo puede ser diferente.

Si es un trabajo el que necesita ser organizado, la misma rutinafuncionará. Identifique las tareas que se requieranejecutar. Pueden ser: informes, lista de asignación de personal, productividad, y así sucesivamente. Entonces, nuevamente, escriba una lista de lo que es más importante y comience a trabajar en ella.

Las fiestas y los eventos se pueden manejar de la misma manera, solo que en una escala mayor. Al decidir quién va a ayudar en este proyecto, asegúrese de que toda la información de contacto esté actualizada, de modo que no haya problemas para contactarles en caso de ser necesario. Asigne acada uno un trabajo del cual será responsable. Ayudará a hacer las cosas rápidamente, ya que delegar trabajos es un acierto para administrar el tiempo.

Después de que las tareas hayan sido delegadas a otros, deje que ellos se encarguen de lo que crean sea más importante realizar primero y que resuelvan sus problemas de administración del tiempo. Asigne fechas límite para que le informen al respecto, de modo que aún esté a cargo de toda la situación, ya que la fiesta o evento aún está bajo su control. Se acaba de dividir entre otras personas.

Asegúrese de que todos los que trabajan en el evento entiendan la limitación de tiempo. El líder debe realizar un seguimiento de lo que se está haciendo y del tiempo que queda para hacerlo. Si hay problemas y otros en el equipo necesitan ayuda, identifique claramente a quién se debe contactar.

Mantener el control de lo que se está abordando es la mejor manera de mantenerse dentro de las restricciones de tiempo. Concéntrese en una tarea a la vez y termínelaantes de pasar a otra tarea. Muchas personas pierden esa concentración, yterminan tratando de manejar muchas tarea a la vez, lo cual termina tomando más tiempo que si se enfocaran en una sola tarea.

La gestión del tiempo no es difícil. Se trata realmente de organizar y priorizar todo lo que se necesita hacer. Intenta hacer eso y solo enfócate en una cosa a la vez. Te ahorrará más tiempo y frustración al final.

Capítulo 3: Estrategias administración del tiempo para el éxito

No suele ser sencillo planificar contra muchas acciones que propician la pérdida de tiempo. A continuación presentaremos algunos

Problemas impredecibles:

Algunos problemas no se pueden evitar fácilmente, y sucarácter fluctuaráapreciablemente. Por ejemplo, puede recibir un informe de un compañero y descubrir que contiene una cantidad sustancial de imprecisiones que debe corregir.Tal vezun compañero se enferme, y usted deba asumir sus responsabilidades con poca antelación. Puede que tenga que aceptar la posición actual, pero ¿Suponga que esto ocurrerepetidamente? Siempre que descubra una situación imprevista que consuma su tiempo, considere qué podría hacer para evitarlo.

Si es un evento regular, ¿la capacitación sería útil? ¿Se podría haber utilizado la cobertura adecuada por la falta de un compañero en el trabajo? ¿Puedes mejorar tus habilidades para decir 'No' para asegurarte de que se ahorra tiempo?

Esencialmente, en esta posición, examine por qué ocurrió la situación, si va a ser frecuente y considere un plan de acción para eliminar un incidente posterior.

Reconocimiento debajo rendimiento:

Por esto, se daría a entender que la persona que tiene un bajo rendimiento, tal vez no entienda lo que significa. Puede resultar en irritación para usted, pero continuará si nunca hace nada al respecto. En esta situación, puede haber muchas razones por las cuales el individuo tiene un bajo rendimiento.

Por ejemplo:

¿Puede que carezcan de las habilidades o conocimientos esenciales? ¿Conocía todo lo que se le exigía? ¿Lo hicieron o hicieron otra actividad? ¿Ha decaído su entusiasmo?

Debe acercarse a la persona, en privado, para establecer los hechos y luego actuar desde allí.

Por ejemplo, muchos documentos pueden mejorarse en su detalle distribuyendo un borrador a las personas involucradas inicialmente

Empoderamiento y motivación:

El rendimiento, para una buena gestión del tiempo, está firmemente vinculado a la motivación. Cuando el tiempo ausente se desperdicia, el rendimiento disminuye rápidamente. ¿Por qué podría ser así?

¿Estuvieron involucrados en la toma de decisiones o en la identificación de los detalles exigidos? ¿Cómo fueron tus modales cuando los invitaste a asumir la tarea? ¿Proporcionó información vaga a una persona que no está dispuesta a hacer preguntas para explicar la posición?¿La persona tiene problemas personales?

Puede ser más sencillo ver una caída de entusiasmo en alguien con quien trabaja estrechamente. Esté atento a la falta de compromisoo una falta de interés general.

Entrenamiento:

La falta de entrenamiento tiene muchos aspectos. Podría ser un factor contribuyente en muchos ejemplos de administración inadecuada del tiempo. Cuando la eficiencia es baja, siempre considere si la falta de capacitación esla causante de la misma. Identifique la falla y ponga en marcha un plan de entrenamiento. Tenga en cuenta que la capacitación lleva tiempo pero debería cosechar ventajas duraderas. En el peor de los casos, es posible que haya elegido a la persona equivocada para el trabajo.

Examinando el trabajo:

A menudo se produceninexactitudesdebido aprocedimientos de monitoreo inadecuados. ¿Han ocurrido errores debido al estrés o simplemente por la falta de enfoqueal evaluar? Puede ser útil, para una gestión oportuna, hacer que otra persona revise el trabajo, ya que un ojo fresco puede ser útil. Es un enfoque idéntico hacer circular un documento, para comentarlo, antes de que se finalice.

Salida versus entrada:

A veces, pedir un elemento específico de datos puede ser el pasatiempo de susurros chinos. Lo que se pide y lo que el otro individuo toma en cuenta puede ser completamente diferente. La percepción de su orientación puede ser un problema.

Asegúrese de transmitir instrucciones precisas pidiéndole a la persona que repita lo que ha solicitado. Podría incluir quién, qué, por qué, cómo y cuándo. Si es necesario póngalo por escrito. Puede ser un método valioso para solicitar presupuestos para trabajos en el hogar, por ejemplo, jardineros, constructores, plomeros o decoradores, etc. Las solicitudesverbales son fácilmente mal entendidas y olvidadas.

Este tema tiene el potencial dellevar a la insatisfacción y el rencor si no se trata de manera efectiva.

Capítulo 4: Reconocerel estar vivo

La administración del tiempo resulta ser una de las características más importantes que uno puede tener para crear un estilo de vida más saludable. Sentirse abrumado es algo con lo que muchas personas, en todo el mundo, se enfrentan cuando se reservan ellos mismos. La administración de su tiempo comienza con una actitud positiva hacia el enfoque de su trabajo. La buena noticia es que si está interesado en reinventarse, ha elegido el lugar perfecto para comenzar.

Cuando uno intenta desarrollar un plan de administración del tiempo, es importante recordar que tomará práctica y dedicación para lograr sus metas. Hacer una lista de cuánto le gustaría lograr diariamente es un excelentepunto de inicio. Esta lista le ayudará a evaluar si sus objetivos son realistas o si deben modificarse un poco.

Crear espacio para la alegría es el componente que constituye un desafío en la creación de una mejor administración del tiempo. Todo el mundo tiene dentro de si esa única cosa que inspira una oleada de energía, y esto es algo que debe estar presente todos los días. Una persona puede tomarse un descanso entre tareas para ponerse al día con las cosas que disfruta realizar. Una rutina es tan exitosa según como se sienta la personainternamente.

La mayoría de las personas que desean administrar su tiempo de manera más efectiva son los mejores empleados en el lugar de trabajo. Los beneficios para la salud que esto tendrá en tu cuerpo y en el mío son monumentales, y tu familia te lo agradecerá. Es una excelente manera de modelar la autosuficiencia para los miembros de su familia y otros seres queridos que invierten en su salud.

Colocar actividades adicionales al final de su lista de cosas por hacer,será más fácil en la medida que confíe usted mismo en el proceso. Cada decisión que tome lo acercará, mucho más, a tener días más satisfactorios cuando experimenta el éxito de su tarea. El desafío que esto representa es la oportunidad que buscas; la práctica es la única forma de determinar tu mejor rutina.

La mejor manera de aprovechar al máximo su tiempo es informar a las personas que están acostumbradas a acceder a usted para recibir sus servicios de los cambios que está realizando. Permitirá que todos estén en la misma sintonía y permitirá una experiencia favorable. Todos estarán en su mejor momento cuando comprenden las pautas bajo las cuales operan. Hace que sea más fácil para todos mantener a raya las distracciones

Las personas exitosas se organizan debido a la dedicación puesta en su trabajo. Las habilidades de liderazgo que se aprecian proporcionan un sentido de la estructura que se deriva de la confianza. Cuando se siente exitoso en la tarea que ha realizado, puede ser el mejor líder para su familia.

La administración del tiempo es un talento que la mayoría de las personas desean alcanzar en sus vidas. Es la única herramienta que le permitirá crear el mejor equilibrio posible entre su trabajo y su vida personal. Tener más energía y sentirse bien, con su estilo de vida, comienza con lo que haga con su tiempo.

Capítulo 5: Administración del tiempo y habilidades de estudio.

A medida que se acerquen los días de exámenes, los estudiantes irán a la biblioteca. Los grupos de estudio pueden ser una opción para algunos estudiantes, mientras que otros prefieran el silencio de su habitación. Algunos se abarrotaran con contenido, solo unas horas antes del examen real, mientras que hay estudiantes que se prepararán con anticipación. Por lo tanto, se puede afirmar que hay muchas preferencias a la hora de estudiar.

Entonces, ¿qué hace que estudiar sea efectivo? ¿Crees que es la forma en que estudias o donde estudias? ¿Importa el tiempo? ¿Debes estudiar con un grupo o solo? ¿El abarrotarse te ayudará o solo a los que ya lo han usado?

Las habilidades de estudio se mejoran cuando hay una administración adecuada del tiempo. Entonces, ¿qué es la administración del tiempo?,¿Esto significa que usted tiene que estudiar hasta altas horas de la madrugada?,¿Esto significa que el estudiante tiene que priorizar sus estudios y de alguna manera descuidar tareas domésticas en donde se aloja?, ¿Debería enseñarse el manejo del tiempo antes en casa?

Estudiar cada noche acerca de lo que ha sido enseñado en la escuela cada día, hace que sea más fácil cuando llega el examen. Sólo porque usted puede asimilar y comprender plenamente lo que se están estudiando en la escuela. Hace que sea más fácil llegar el momento del examen.

Otra técnica a incorporar en la administración del tiempo, mientras estudias, es asegurarse de escribir de manera precisa los puntos a estudiarya que no necesita especular. La especulación no es aconsejable ya quele generarádudas sobre cuál es la respuesta correcta. Escribir de manera clara ahorra tiempo, yla seguridad que puede reunirlos puntos que ha deestudiar, por la noche, durante el período de examen.

Asegurese de que antes de los exámenes

pueda posponer la socialización por un tiempo. Cuando pasas un tiempo con amigos antes de los exámenes, se pierde un tiempo valioso. Tiempo que se supone debería utilizar en estudiar.Ten en cuenta que situs amigos, son buenos amigos, ellos entenderán la situación que necesitas tiempo para estudiar para los exámenes.

Duerma lo suficiente todos los días, tanto como sea posible. Tener suficiente tiempo para dormir lo recargará no solo físicamente sino también mentalmente, y eso será bueno, especialmentecuando va a tener exámenes y, aún más, si es durante el mismo día del examen. Ocho horas son las horas requeridas de sueño y, en la medida de lo posible, evite tomar café de manera excesiva ya que le puede quitar el sueñoincluso de noche.

Manténgase actualizado con lo que está sucediendo a su alrededor. Internet, los periódicosy otros materiales de lectura, son una excelente fuente de información que también puede ayudarlo. La administración del tiempo y el buen hábito de estudio pueden darle una buena nota en su examen.

Capítulo 6: Administración del tiempo y productividad.

La administración del tiempo es algo que muchas personas tienen una inmensa dificultad de practicar. A menudo parece que nunca hay suficiente tiempo en el día para realizar todas sus tareas de manera eficiente. Hay varias técnicas diferentes que puedes aplicar a turutina diaria para darte la oportunidad de realizar todas las tareas que te propusiste completar.

Antes de que pueda comenzar a administrar su día, primero debe revisar lo que hace durante el día. Obviamente, es difícil manejar algo cuando no sabes por dónde empezar. Por lo tanto, debe evaluar cuidadosamente todas las tareas que realiza a lo largo del día para determinar dónde está fallando.

Le convendría establecer un intervalo específico de su día para anotar todo lo que hace a lo largo del día. Hay una gran cantidad de personas que desean participar en actividades de administración del tiempo, pero no tienen idea de dónde pasan la mayor parte del día. Al investigar las actividades que realiza durante el día, podrá determinar qué está haciendo para desperdiciar su día.

Para completar todas sus tareas de manera eficiente y oportuna, debe determinar cuándo son sus horas pico. Significa que necesita determinar los momentos en que es más productivo. Por ejemplo, algunas personas pueden ser más productivas en la mañana mientras que otras lo son durantela tarde.

Las horas pico de los humanos solo duran de dos a cuatro horas por día. Por lo tanto, deberá determinar cuáles son sus horas, para que pueda aprender a hacer un buen uso de su tiempo durante este período. Sería una tontería desperdiciar estas horas productivas haciendo algo que no lo beneficiará a largo plazo.

Trate de planificar todas sus actividades con una semana de anticipación. Escriba una lista de algunas cosas importantes que debe completar durante la semana. De esta manera, puede darse una estimación aproximada de cuánto tiempo le llevará completar todo lo que necesita hacer.

Es importante establecer fechas límite predeterminadas para la realización de aquellas tareas las cosas que no le gusta hacer. Al establecer plazosde ejecución, puede evitar fácilmente lademora. La mayoría de las personas tienden a postergar las tareas difícileshasta el último minuto; estos plazos le ayudarán a mantenerse al tanto de lo que necesita completar a pesar de lo terrible u horrible que sea.

Capítulo 7: Administración del Tiempo y Motivación.

La falta de motivación es la causa del mal manejo del tiempo. Si sigues quitando cosas porque no tienes ganas de hacerlas, las cosas simplemente no se harán. Pero, ¿y si fuera posible inyectar algodediversión a aquellas cosas que debes hacer de todos modos? De eso trata la motivación de la administración del tiempo.

Para cambiar una tarea difícil, por así decirlo, debes echarle otro vistazo para ver si no hay algo que puedas disfrutar haciendo. Digamos que no te gustan las tareas domésticas. Bien, piensa en lo bien que te sentirás una vez que esté hecho. Digamos que detestas la tarea. Bien, piensa en lo orgulloso que te sentirás una vez que todo esté concluido.

Haz que tus amigos participen en algunas de tus tareas.No puedes hacer que vengan a limpiar la casa contigo, pero hay cosas en las que puedes pedirles que te ayuden. Estar alegre al realizar algunas cosas puede hacer que sean menos una tarea y más una diversión agradable. Y tus amigos pueden ayudarte a lograr esto. A veces, los amigos pueden ser de ayuda, así como tambiénla incorporación de algunos aspectos positivosdurante la realización de una tarea. Si hacer la tarea es agotador, intente encender la radio en la estación de música clásica y permita que los sonidos de la música le ayuden a leer o escribir. Este tipo de "diversión" está bien si no te distrae de lo que estás tratando de lograr.

Otra buena manera de pensar acerca de la motivación de la administración del tiempo es detenerse y reflexionar sobre el hecho de que realizar una determinada tarea no es el fin del mundo. Puede que no parezca una buena idea comparar tareas tan dispares como: pasar la aspiradora con ir a la guerra, pero cuando haces este tipo de comparación, la tarea en cuestión ya no es tan aterradora. Por lo tanto, haga este tipo de comparaciones cada vez que tenga que realizar esa tarea que no le apasiona tanto.

Al final, es importante recompensarse al completar un trabajo con éxito. Si sabe que después de pasar la aspiradora por ejemplo, puede comerse un helado, es menos probable que se sienta malhumorado. Cuando tienes alguna recompensa esperándote después de una tarea, la misma se vuelve menos pesada.

Parece, por lo tanto, que la administración del tiempo no es un asunto tan difícil después de todo. Si puede mantener las cosas en el lado positivo, obtendrá la mejor motivación de administración de tiempo en su haber.

Capítulo 8: Medir la Administración del tiempo

¿Sabes lo buena que es tu administración del tiempo? ¿Crees que estás usando tu tiempo efectivamente para hacer tu trabajo? Si mantiene un registro de actividades, puede averiguar qué tan efectiva es la administración de su tiempo. A continuación cómo hacerlo.

¿Qué son los registros de actividad?

Un registro de actividades es un diario de lo que hace cada día y el tiempo que le toma hacerlo. Mantener un registro de actividades puede ayudarlo a ver cómo pasa su tiempo cada día y dónde necesita cambiar las cosas para ser efectivo en su trabajo.

Un registro de actividad puede ayudarte a determinar si estás realizando el trabajo más importante en el momento adecuado del día. En tal sentido, si eres más productivo por la mañana, entonces vas a querer estar seguro de que estás haciendo el trabajo más importante y urgente en el momento adecuado. Y con un registro de actividad puedes realizar un seguimiento de esto.

También puede ayudarte a identificar el tiempo perdido en tu jornada diaria. Entonces, si pasas mucho tiempo rellenando la taza de café o respondiendo correos electrónicos, puedes ver esto mejor para ayudarte a cambiar tu rutina diaria.

Creando tu registro de actividades

Para comenzar a escribir tu registro de actividades, abre una hoja de cálculo. Titula tus columnas con estos encabezados:

* Día/ Hora
* Actividad
* Duración del tiempo
* Cómo me siento
* Nivel de prioridad (bajo, medio, alto)

Es importante ser honesto cuando haces tú registro de actividades. No cambies tu actividad; solo sigue tú día a día tal cual como lo harías normalmente, y completa el registro correspondiente.Sin importar qué actividad realizaste, anotalo que hiciste.

Analiza tu registro de actividades

Una vez que hayas hecho esto durante unos días, es hora de ver tu registro. Ahora que puedes ver cuándo trabajas mejor y en qué desperdicias tu tiempo, podrás administrar mejor tu tiempo y tu día siguiendo estos consejos:

* Delegar tareas. En caso de que estés "ocupado" en el trabajo, entonces bien podrías ser capáz de delegar ciertas tareas a otra persona

* Programar tareas. Ya que te sientes bien, sabrás para cuando debes programar tus tareas de alta prioridad. Deberías poder realizar tu trabajo más rápido en los momentos en que estás "encendido". Por lo tanto, serás capáz de lograr mucho más.

* Minimizar la frecuencia con la que cambiasde tareas. ¿Acaso tienes que revisar tus correos electrónicos varias veces al día o es algo que puede hacer por la mañana, luego otra vez a la hora del almuerzo, y una tercera vez al final de la jornada laboral? En cualquier caso, es una distracción que necesitaseliminar de tu día.

* Reducir el tiempo dedicado a actividades

personales. Debes tomar descansos, y tienes que comer y beber, pero detenerse varias veces para recargar la taza de café es sólo una pérdida de tiempo. Así que encuentra una mejor manera de tomar tus descansos. Te ayudará a mantenerte enfocado en la tarea.

¿Estás listo para ponerte al día y ver cómo estás gastando tu tiempo?

Capítulo 9: Importancia de la Administración del Tiempo

La administración del tiempo incluye mucho más que apreciar el paso de tu tiempo y la percepción interna de que podrías hacerlo mejor. Hay muchas situaciones en las que se puede reconocer que puedes hacer algo al respecto. Algunos de ellos seguramente serán muy familiares y otros menos.

Es un desafío influir en tu tiempo, sobre todo, si nunca has intentado ver exactamente dónde está baja la efectividad de la administración de tu tiempo. En última instancia, ésto implica mantener un registro de sus actividades. Aun así, antes de preocuparnos por esto, podemos fácilmente tomarnos en serio una lista de ejemplos que trataremos con más detalle en el futuro.

La importancia de la administración del tiempo se puede ver en algunos ejemplos a continuación. Si se mantiene un registro de tiempo, en cualquier negocio o individualmente, entonces podríamos descubrir que esta lista y mucho más se aplican.

Muchos en la lista serán notablemente comunes, y varios ofrecerán más impacto que otros. El primer paso generalmente es reconocer cuál de ellos actualmente existen o cuálde ellos plantean una posible amenaza futura. Cuando esto se ha llevado a cabo, es entonces el momento de poner algunas buenas prácticas en marcha para reducir su influencia o suprimirlas.

Con suerte, encontrarás que sólo unos pocos son "culpables" frecuentemente, y por lo tanto, podrás centrarte en éstos. Si estás familiarizado con el principio de Pareto, eres consciente de que mejorar el primer 20% bien puede ofrecerte un total de 80% de beneficio. Por lo tanto, podremos dedicar 80% de nuestro tiempo a los asuntos triviales de la vida. Si podemos fortalecer nuestra eficiencia mientras hacemos estos top 20% de las actividades, entonces deberíamos mejorarnuestra administración del tiempo en general.

Exactamente el cómo enfocar la implementación de cualquier técnica estará basada en las circunstancias. ¿Actuará a nivel individual, de equipo, familiar o corporativo? La importancia de la administración del tiempo en los negocios es igualmente relevante a la importancia de la administración del tiempo para los estudiantes o cualquier otra persona. Si está considerando implementar alguna técnica en un nivel superior, esto puede ser contraproducente. Podría ser una buena idea establecer un beneficio para comenzar en un nivel inferior antes de intentar implementar un procedimiento más alto.

Además, hay todo el aspecto de "urgente versus importante" cuando se clasifican las prioridades del trabajo. Esta área podría ser mirada en otro momento.

Un conjunto común de ejemplos de los principales destructores de tiempo son:
Búsqueda de acciones, Desorganización, No poder decir no, Gestión de crisis, Gestión de escritorio, Amigos, Información deficiente, Liderazgo deficiente, Planificación deficiente, Problemas de

recursos, Responsabilidad versus autoridad, Socialización, Tareas no terminadas, llamadas no deseadas, Sobrecarga de trabajo y más.

Capítulo 10: Mejorar la administración del tiempo -informes sustanciales

General

Informes pesados, ¿quién los quiere? Bueno, tal vez a algunas personas les guste, pero en general, muchas personas prefieren consultar la guía telefónica. Creo que esto puede resultar aún más difícil si el informe está en formato electrónico. ¿Has obtenido previamente un informe, en formato pdf, de gran tamaño y que todo lo que puede hacer sea leerlo? Si se entrega en un formulario que no puedes editar, puede ser difícil incluir notas, hacer garabatos en los márgenes o incluso resaltar partes.

Por lo tanto, es posible que consideres la alternativa de imprimirlo y luego agregar comentarios. Convirtiéndose, posiblemente, en una pérdida de tiempo y papel. Esto me ha pasado en muchas ocasiones.

¿No sería bueno que recibieras un informe pequeño y compacto, que presentara los hechos claves de una manera fácil de comprobar y digerir? Así que, accede a mejores técnicas de administración del tiempo con un par de ideas.

Resumen del informe

Al darte cuenta de que cualquier informe debe tener un propósito, una descripción general ofrecerá los hallazgos centrales del mismo. A través de esto, puedes explorar el corazón del cuerpo principal del informe para obtener más información según sea necesario. El resumen debe estar al frente. Es sin duda la parte más importante. La lista de distribución debe ser considerada. No tiene mucho sentido emitir un informe a individuos con una participación mínima en sus conclusiones. En caso de duda, preguntar.

¿Qué pasa si no hay resumen?

Entonces, ¿cuáles son tus opciones si recibes un informe que carece de un resumen? Bueno, una opción es: tomar el toro por las astasy, leer todo el informe para luego extraer tus propias conclusiones. Puede que no sea el mejor uso de tu tiempo. Podrías probar los siguientes aspectos:

Podrías considerar devolver el informe y

pedirle al autor que proporcione un resumen. Este método tiene riesgos particulares. En tal caso, ¿Tienes la autoridad para lograr esto? ¿Ofenderás al autor y producirás malos sentimientos? ¿Sucederá lo mismo otra vez, más tarde? Por supuesto, si continúas por este camino, la mejor idea sería aceptar el informe, tal como es, e invitar al autor a producir resúmenes para cualquier informe futuro.

Naturalmente, esto es mejor hacerlo persona a persona y no mediante un correo electrónico. Mientras te comunicas con el autor, puedes solicitarle un resumen del informe actual, describiendo los elementos principales y cualquier problema específico que deba tener en cuenta.

Otra alternativa es delegar la verificación del informe a otra persona con la intención de que le proporcione un resumen. Esta táctica sólo puede resultar útil si se da cuenta de que ésta persona tiene un interés específico en el contenido del informe. Si no, también puedes consultar al autor.

Si no tienes más alternativas que leer el extenso informe para recoger los elementos esenciales, entonces puedes considerar dividir la actividad. Para una mejor administración del tiempo, ¿por qué no leer el informe durante tus huecos en el trabajo, aquellos donde tienes un poco de tiempo libre? De esta manera, un informe grande puede no ser tan monótono, como podría parecer inicialmente, y la tarea puede verse reducida, un poco.

Capítulo 11: Ventajas de la Administración del tiempo – Identificación de acciones

¿Cuáles son las ventajas de la administración del tiempo? ¿Exactamente cuántas veces terminas persiguiendo los detalles que necesitarás para realizar un trabajo? ¿No sería genial si pudieras pedir el artículo que la gente quisiera en el último minuto, y que el mismo esté listo exactamente para cuando lo requieras? No muy temprano, pero justo a tiempo. Puedo escuchar a la gente diciendo, "de ninguna manera", "son sólo ilusiones".

Es simple en esta circunstancia creer que el otro tipo es incompetente, no es un hombre de equipo o es totalmente perezoso. ¿Por qué debería ser culpa del otro chico? Toma una actitud proactiva y ve con precisión cómo puede afectar la situación.

Revisemos un par de métodos simples que pueden servirte para prevenir esta frustración:

Plazos (Fechas límites):

No tome acciones en el último momento.

Permita que el tiempo de trabajo tenga cierta 'holgura', para que pueda adquirir la información que necesita antes de cuando la necesite.Se sugiere adecuar el calendario de consulta con la persona que provea la información. No es recomendable esforzarse por obtener la información antes de tiempo sino para cuando realmente se requiera. Tratar de obtener información de manera prematura podría ser imposible, o el contenido que la gente obtiene podría alterarse antes de que esta sea usada.

Problemas de comunicación:

Asegúrate de que la información que necesitas sea inequívoca y acordada. Póngalo por escrito y pregúntele a la persona si está conforme con la solicitud, si la comprende o si tiene alguna inquietud. ¿Exactamente por qué la gente lo quiere y exactamente en qué formato? Este sistema no es para que las personas tengan una persona a quien culpar en el futuro. Se generan muchas solicitudes de información antes de que se venza la fecha límite requerida. Si no lo pone por escrito, para la persona que proporciona la información, puede que suministre menos de lo acordado a medida que se aproxime la fecha de vencimiento.

Recordatorio diario:

No cometas el error de creer que los demás regularán su horario tan fácilmente como tú. Pon un aviso en tu diario para hacer un seguimiento de la actividad. Te permitirá mantenerte al día con el progreso y constituye un recordatorio para la persona que produce la información importante.

Actuar sobre culpables continuos:

Algunas personas, con las mejores intenciones, siempre tardarán en proporcionar detalles. Descubre ¿por qué? Se proactivo; no asumas simplemente que es un hecho aislado. Si determinas la causa y abordas el problema, será mejor para todos en el futuro. Si una persona te afecta con su pésima administración del tiempo, es probable que hagan lo mismo con otras personas. ¿Requerirán entrenamiento en las ventajas de la administración del tiempo? ¿Se reporta a otro gerente lo ocurrido? Trate de conseguir una solución al problema en beneficio de todos antes de pensar en alguna forma de sanción disciplinaria.

Reuniones:

En un espíritu similar, las personas que no acuden a tiempo a las reuniones pueden ser claramente molestas. Modifica los métodos anteriores para ver la mejora. Es mucho más relevante para reuniones de negocios con una a tres personas. Para reuniones de negocios más grandes ésto es menos útil. La noción de que los individuos estarán en una reunión a no ser que ellos digan algo más por lo general no se mantiene firme.

Capítulo 12: Desorganizado y la Administración del tiempo

Previamente analizamos la "Identificación de Acciones" y el requisito de ayudar de forma proactiva a otras personas a cumplir con sus plazos, ver anteriormente "Ventajas de la administración del tiempo - Identificación de Acciones". Ahora podemos echar un vistazo a una idea simple para impulsar la organización si emplea listas de tareas pendientes y cubre los bajos niveles de energía.

Ser desorganizado

La administración exitosa del tiempo no contempla ser desorganizado. No es tu problema, correcto – incorrecto. Tu incapacidad de administrar el tiempo probablemente tendrá influencias significativas en los demás.

Lista de quehaceres:

Teóricamente, una lista de tareas puede consistir en todas las acciones que debes realizar durante un período específico tanto a nivel personal comolaboral. Comúnmente, serán grabados en papel. Sin embargo, es más conveniente emplear métodos electrónicos cuando puedas. Los registros en papel son demasiado fáciles de extraviar, aunque pueden ser útiles en casos específicos.

Si estás empleando papel, necesitarás un procedimiento que te permita ver tus principales prioridades y actuar de manera conveniente con la información y los datos que tienes a mano. En el momento en que hayas priorizado las actividades, necesitarás un sistema para organizar la información y los hechos.

Podrías preferir hacer listas de verificación de desglose de trabajos más pequeños que sean mucho más sencillos de realizar. Demasiadas labores para un día específico pueden resultar en tareas incompletas e insatisfacción.

Integración de registro:

Cualquier sistema debe tener la capacidad de mantener registros de todas las áreas principales en sus tareas diarias, por ejemplo, metas y objetivos, listas de tareas, informes, reuniones de negocios, etc.

Sin duda, clasificaría los archivos para

facilitar la visibilidad y el acceso. Tampoco es una mala idea tener una de las carpetas etiquetadas como "prioridades altas". Aquí puedes archivar todo lo que debe hacerse en la fecha de hoy. Parte de tu organización podría ser asegurarte de que los elementos necesarios para ésta carpeta se coloquen allí el día anterior.

Los métodos digitales para mantener registros actualmente son abundantes y diversos, y corresponde al individuo decidir sobre una estrategia adecuada con la que estén contentos. Se implementarán procesos a nivel corporativo para la aplicación en toda la organización. Asegúrate de estar familiarizado con la mayor cantidad posible de aspectos del procedimiento. Es muy desalentador descubrir que has estado realizando algo ineficientemente durante un período en el que un mejor conocimiento del procedimiento podría haberlo evitado.

Bajos niveles de energía

Cuando estés cansado, enfermo o tengas ciertos temores, tu nivel de rendimiento disminuirá rápidamente. Además de ser consciente de la ocurrencia de alguno de estos problemas en ti mismo, observa su presenciaen otras personas. Es un problema general.

Cuando dedicas tiempo a reflexionar sobre tus circunstancias personales, es bastante sencillo formular un plan de actividades. Aun así, es muy difícil detectar problemas en otros y, por razones personales, más difícil de probar y actuar. Dicho esto, si reconoces la posibilidad de niveles bajos de energía en otros, es más simple de identificarles.

La falta de descanso es la fuente más visible. Sin embargo, incluso en este caso, podría ser una indicación de un problema subyacente adicional que podría ser difícil de evaluar. Las situaciones personales de un individuo pueden fácilmente tener una influencia notable en su desempeño. Es una buena razón para ser precavido cuando reconoces un caso de mala administración del tiempo. De lo contrario, usted bien podría hacer la circunstancia considerablemente peor.

Si descubres que la administración del

tiempo no es exitosa, esto en sí mismo puede llevar a un exceso de actividad laboral, entonces la falta de motivación o una demostración de tedio pueden influir potencialmente en los niveles generales de energía. Incluso situaciones agradables pueden fácilmente provocar pérdidas de energía, como la falta de sueño por la llegada de un nuevo bebé o una celebración prolongada.

Explore las razones de manera sensible si considera que la fuente de la administración del tiempo está por debajo del estándar del nivel de energía.

Capítulo 13: Administración del tiempo y Gestión de Crisis

Todos nos organizamos hasta cierto punto. Aunque no todos lo hagamos de manera correcta. Incluso con respecto a aquellas personas que creen que no tienen que planear ni una sola cosa, siempre existirá un plan. Es inimaginable pasar un día típico en ausencia de un simple plan, aunque sea de manera inconsciente. Si estás anticipando una cierta acción en el día y algo sucede e interrumpe tal acción, tomarás alguna decisión, incluso cuando esto sea hacer poco. Si eliges tomar una medida correctiva, puede que este mal implementado, o que este mal en algún punto intermedio.

El alcance de estas interrupciones de tu plan puede ser: mayor o menor, y tener un efecto: grande o pequeño. Las preocupaciones menores se convierten regularmente en una molestia y se convierten en el clásico esfuerzo de "extinción de incendios". La mayoría de estos problemas serán consecuencia de una mala gestión del tiempo y una ausencia general de enfoques de planificación sencillos que causen la "gestión justo a tiempo".

La gestión de crisis tiene un valor aún más esencial:

Puede tener un efecto potencialmente importante

A menudo tienden a ser imprevistos

Desencadena una necesidad de intervención urgente

Buena planeación

Resulta obvio que una buena planificación provocara un mejor conocimiento de las tareas emprendidas, lo que debería causar un resultado más simple. En la planificación, hablamos regularmente de "problemas" que ocurren y del potencial de "riesgos" que pueden ocurrir. Por lo tanto, es útil definir estas áreas un poco mejor.

Riesgo: evento que puede suceder en el futuro (pero esperamos que no lo haga) y puede tener un efecto inadecuado sobre el costo, la calidad y el tiempo de lo que bien estás tratando de lograr.

Problema: evento que no se ha anticipado,

pero ocurre y requiere una decisión o es probable que tenga un efecto desfavorable en el tiempo, el costo y la calidad de lo que estás tratando de lograr.

La planificación normalmente implica revisar cómo, qué, quién, cuándo y el costo de los esfuerzos. La profundidad con la que miras estas premisas serán significativamente inferior cuando se trata de planes personales en comparación a cuando se trate de planes de proyecto de la compañía. En pocas palabras, representan lo siguiente:

¿Qué? ¿Cuáles son tus objetivos y alcance de tu actividad?

¿Cómo? La elección de una determinada estrategia.

¿Quién? Quien lo hará y si se necesita delegación.

¿Cuándo? ¿Cuánto tiempo tienes? ¿Cuándo tienes que comenzar?

¿Costo? ¿Hay alguna ramificación económica?

También deberás considerar qué medidas prefieres tomar para lograr la actividad. Se exige un cierto rendimiento, ¿existen especificaciones? Si consideras estos aspectos simples de tus tareas, es menos probable que te pierdas algo. Naturalmente, para tareas sencillas del día a día, la respuesta a la mayoría de las preguntas probablemente será "no". Algunos puntos, como el tiempo, tendrán una importancia adicional.

¿Por qué no tratar de reflexionar un poco sobre tu planificación? Solo podría ayudarte a evitar el 'justo a tiempo en la administración del tiempo'.

Planificación de contingencias:

Ahora debes tener algún plan en las acciones que deseas llevar a cabo para alcanzar tus objetivos. Contendrás cosas que imaginas que tendrán lugar. Lamentablemente, habrá varios elementos que pueden llegar a ocurrir que no están contemplados en tu plan. Éstos caen en 2 áreas principales. La primera es "Problemas" y la segunda es "Riesgos".

La última área mencionadaes la que imaginas quepuede llegar a suceder aunque esperas que no lo hagan. Entonces, ¿qué pasará si ocurren? Pueden influir negativamente en lo que quieres hacer? Si surgen, ¿puedes hacer algo al respecto? Desearás tener una estrategia a mano para manejar estos riesgos.

Es aquí donde los planes de emergencia son ventajosos. Puedes etiquetarlos de 4 modos.

1. Alta probabilidad de ocurrir. Alto impacto.
2. Baja probabilidad de ocurrir. Alto impacto.
3. Alta probabilidad de ocurrir. Bajo impacto.
4. Baja probabilidad de ocurrir. Bajo impacto.

Si puedes separar tus riesgos en estos amplios campos, podrásgestionarlos adecuadamente. Las entradas 3 y 4 tendrán un bajo impacto aunque ocurran, así que no te molestes con crear ningún plan de contingencia. La otra pareja justificará la elaboración de planes de contingencia con la debida deliberación, con muy posiblemente menos atención a estos últimos.

OK, actualmente estás pensando en un

plan de contingencia. Crees que disminuirá cualquier posible impacto. A pesar de conocer cuál es el mejor momento para ejecutarlo. Siempre será demasiado tarde implementar dicho plan una vez que el riesgo se ha materializado. Por lo tanto, deberías ejecutarlo mucho antes. Puedes hacer esto identificando un 'disparador' que permita la introducción del plan de contingencia.

Esta táctica minimizará los retrasos. Por ejemplo, si necesitas incluir más recursos o solicitar una pieza, deberás finalizarla antes de la fecha límite. Por lo tanto, para cualquier plan de contingencia, debes reservar la financiación necesaria para su aplicación. Este tipo de plan, en términos de proyecto, puede desviarse de un plan base y convertirse en un plan "reactivo".

¿Qué persona tomará el control del plan? No es un problema principal para los planes personales que son muy sencillos en su alcance. Si el activador se determina adecuadamente, la cantidad de información en el plan de contingencia puede disminuir y expandirse en el minuto en que se activa el activador.

Para muchos objetivos personales, en una base diaria o una vez a la semana, las pautas de lo anterior pueden simplificarse fácilmente, aunque los conceptos centrales sean aplicables. Los individuos no estarán contentos de recibir malas noticias y es menos probable que lo hagan cuando intenten evaluar cualquier riesgo. Si cultivas una cultura donde los individuos no son chivos expiatorios, los riesgos podrían determinarse más rápidamente.

No permitas que problemas comunes se expandan hacia la gestión de crisis. Arregla la situación contemplando este aspecto de la administración del tiempo. Por lo tanto, justo a tiempo en la administración de tiempo, puede tener recompensas, pero sólo si los riesgos no ocurren.

Capitulo 14: Errores enla administración del tiempo

La administración del tiempo es necesaria para tener éxito en la comercialización por Internet. La forma más sencilla de solucionar un problema de administración del tiempo es determinar cuáles son los problemas.

Estos son algunos errores en la administración del tiempo realizado por los vendedores de Internet:

Incapaz de darse cuenta de que el tiempo es dinero

Ya sea que un vendedor venda sus servicios, o utilice la comercialización del Internet para generar tráfico a un sitio web, el tiempo es dinero. Siempre recuerda eso. La capacidad de generar dinero basado en su productividad es una oportunidad excepcional. En el mundo de los negocios, no importa cuán eficiente y productivo sea un empleado.

Justificación de tus acciones

Cuando nos damos cuenta de las distracciones comunes, la mayoría de nosotros tomamos medidas para eliminar el problema. Sin embargo, algunas personas tienden a justificarlo. Evita esta actitud. No mejorará tus habilidades de administración del tiempo. Asegúrate de manejar tu tiempo sabiamente.

Desconocer que estamos perdiendo el tiempo.

Internet hace que sea más fácil mantenerte en contacto con tus amigos y familiares. Cuando un comercializador tiene la capacidad de socializar desde Internet, hace que las cosas sean más fáciles de administrar, especialmente el tiempo y la tarea.

Permitir las distracciones

Una vez que has identificado tus distracciones para completar tu tarea diaria, asegúrate de eliminarlas. Por lo general, observamos la televisión en lugar de trabajar. Evita éste tipo de distracciones.

Desconocer que estamos perdiendo el tiempo

Muchos trabajadores a domicilio pierden tiempo sin saber que lo hace. La mayoría de nosotros pensamos que comprobar rápidamente el correo electrónico no es una pérdidade tiempo. Si comprobamos el correo electrónico varias veces al día, entonces una persona puede perder más de 15 minutos. Eso sin contar el tiempo que podemos pasar respondiendo los correos. Conoce tus distracciones y elimínalos tanto como sea posible. La administración del tiempo es uno de los elementos más importantes de tu vida. Si lo piensas, tenemos 24 horas cada día, y seis o siete de esas horas se destinan para dormir. La administración del tiempo es más que un ajuste a la administración de tu tiempo.

Capítulo 15: Problemas y soluciones de la administración del tiempo

Amigos: ¿Qué hacer con ellos?

Consideraciones básicas

Si perteneces a un grupo, puede ser difícil confrontar a otros para obtener información. Cada persona tiene su propio objetivo. Encontrar el apoyo necesario de otros no debería ser un camino unidireccional. Mientras que tu deseas alcanzar tu objetivo, con poco gasto de tu tiempo individual, es mejor buscar un escenario ganar/ganar con los asociados cuando se involucran en discusiones de información y tiempo.

Tu enfoque

Tu actitud podría eliminar algunos problemas de administración del tiempo. Recurrir a otros para obtener información de una manera brusca es demasiado directo, y podría ser perjudicial. De vez en cuando, es recomendable concertar lentamente esa charla que le preocupa. Si invitas a un individuo a hacer una tarea por ti, también es una buena opción invitarlo a que recomiende información para el estándar de desempeño que podrían exigir. Por lo tanto, la otra persona podría aceptar un grado de propiedad de la actividad. Por lo que, deberáalcanzar un nivel de rendimiento para que el trabajo sea mutuamente aceptable.

Constantemente, estás buscando una posición de ganar / ganar. Si no puedes hacer que esto suceda, anticipa una "pérdida", a corto plazo, para una ganancia a largo plazo. Ten en cuenta que cada persona tiene una agenda para alcanzar objetivos individuales. Por lo tanto, cada persona necesita tiempo para ocuparse de sus tareas personales.

Áreas de las que hay que abstenerse

Frecuentemente descubrirás a otros, en todos los aspectos de la vida, que dicen ser pobres en algo y desearán desesperadamente contar con tu apoyo. Volverán una y otra vez, a menos que les ofrezca entrenamiento y la experiencia necesaria para realizar el trabajo. Lleve a cabo el entrenamiento y el ataque a su tiempo se reducirá.

Muchos de tus amigos simplemente

prefieren charlar. Ser sociable es bueno en el momento correcto. Lo mejor que puedes hacer aquí es frenar estas visitas o averiguar cómo retrasarlas cuando estés trabajando.

Otras personas pueden engañarte con halagos pidiendo continuamente tu orientación, en lugar de cualquier apoyo directo. Por lo que te convertirás en una atracción para aquellas personas que llaman sin invitación. La solución está descubriendo el estado, 'NO'

Múltiples tareas:

La opción de ' multitarea ' es frecuente pero, en realidad, no ocurre. De hecho, muchas tareas se pueden llevar a cabo en orden, con un tiempo de finalización mutua, pasando de una tarea a otra hasta que todas se realicen. Sin embargo, en términos de administración del tiempo me refiero a intentar hacer más de una actividad, causando una disminución de la atención en una o más de ellas.

Tratar de llevar a cabo demasiadas actividades, rápidamente, puede desencadenar un bajo rendimiento que influirá en todas las actividades a ejecutar. Esto, entonces, aumentará la presión y el estrés que puede producir un espiral vicioso de rendimiento reducido que afectará a otros también.

Si te das cuenta de que estás en esta posición, aprende a delegar más eficazmente o a decir 'no' más rutinariamente. Por lo tanto, los problemas de administración del tiempo, mencionados anteriormente, deberían ser razonablemente fáciles de evitar cuando te cruces con ellos.

Conclusión

La administración del tiempo es el control y el uso del tiempo. Implica establecer prioridades y utilizar eficientemente el tiempo disponible para realizar la tarea. Implica reconocer y eliminar todo lo que origine pérdidas de tiempo en el proceso de realizar una tarea.

La administración del tiempo da como resultado la capacidad de gestionar el tiempo, el nivel de energía y el estrés de manera efectiva. A diferencia de otros recursos, por ejemplo, el capital que puede reducirse y transformar, el tiempo no puede ser maniobrado. Por lo tanto, uno sólo puede utilizar el tiempo en lugar de influir en su función, ya que no es un recurso escaso, más bien es abundante.

Hay varios conceptos erróneos relacionados con la administración del tiempo. Algunos de los cuales incluyen que el concepto administración del tiempo es simple, y que uno funciona mejor cuando está bajo presión. Otros incluyen la creencia de que uno carece del tiempo para realizar una tarea necesaria y que la autogestión no es un aspecto de la administración del tiempo. Por otro lado, los síntomas de la mala gestión del tiempo incluyen: Constante apresuramiento en la ejecución de una tarea, baja productividad y energía, frustración constante y retrasos frecuentes en la entrega de una tarea.

Una mala gestión del tiempo es el resultado de una mala planificación, de una dilación, de interrupciones y de una mala actitud hacia una tarea. Una mala planificación puede ser el resultado de no entender la intensidad de una tarea. Esto resulta en una utilización improductiva del tiempo y, por lo tanto, en la falta de tiempo apropiado para completar una tarea. Un plan deficiente no prioriza las tareas de acuerdo con la urgencia. Esto también conduce a prestar atención a interrupciones y distracciones. Incluye visitas, llamadas telefónicas y reuniones no programadas.

La dilación, por otra parte, es dejar de lado la tarea para una fecha futura. Es el resultado del miedo al fracaso o a las prioridades equivocadas. Puede surgir del deseo de realizar una tarea a la perfección y, por lo tanto, de no hacerlo. Conduce a la acumulación de trabajo y, por lo tanto, a la precipitación en el tema. Por lo tanto, se hace referencia a la postergación como la característica clave de una mala gestión del tiempo.

No delegar puede resultar también en una mala administración del tiempo. Resulta en baja productividad debido al agotamiento, así como a la frustración constante. Dicen que "demasiados cocineros estropean el caldo", pero también "la unidad es la fuerza". Una mala actitud hacia un sujeto resulta en centrarse más en el problema que en la solución. Un estudiante que tiene una mala actitud hacia una tarea específica probablemente pierda el tiempo quejándose sobre el tema en lugar de procurar la solución.

Existen dos enfoques principales para la administración del tiempo: el enfoque monocromático y el policromático. El enfoque monocromático es objetivo y se centra en la ejecución rápida y puntual de una tarea. Los usuarios de tiempo monocromático tienden a seguir un horario estricto del que no se desvían. Prefieren realizar una tarea tras otra. Por otro lado, el enfoque policromático, es subjetivo y se centra en la flexibilidad y la dedicación. Los usuarios policrómicos hacen muchas cosas a la vez al cambiar de tareas. Puedes estudiar los dos temas a la vez alternando los libros relacionados. Ten en cuenta que si bien los dos enfoques son eficaces en la gestión del tiempo, el enfoque monocromático es útil en la tarea predecible, mientras que el policromo es útil al crear una nueva idea.

Una matriz de la administración del tiempo es útil en la gestión del tiempo. Esto implica categorizar los eventos como: urgentes y no urgentes. Se compone de cuatro cuadrantes donde se enumeran diferentes tareas. Por lo que permitirá a un alumno priorizar las tareas consideradas como urgentes. Las actividades en el cuadrante I son consideradas como las más importantes y urgentes. Los del cuadrante II son importantes, pero no urgentes. Las de III y IV no son importantes ni urgentes en este momento. Otra herramienta de la gerencia implica el uso del registro del tiempo de la actividad así como hacer la lista. Todas estas herramientas de administración del tiempo son esenciales para lograr todo lo que nos comprometemos a llevar a cabo.

Si usted considera interesante el contenido de este libro, entonces me gustaría pedirle un favor. ¿Sería tan amable de dejar un comentario al respecto?